【典藏版】

阅读无障碍本

坛经

李明　译注

岳麓書社·长沙

目　录

前　言

任何宗教都有自己崇奉的经典，基督教顶礼《圣经》，伊斯兰教膜拜《古兰经》。但是，与这两大宗教的唯一经典信仰不同，同样作为世界三大宗教之一的佛教，经典却是浩如烟海，卷帙浩繁，而称“大藏经”“群经”，有“三藏十二部”之多。古印度的佛教经典，分为经、律、论三大部分。其中，“经”被认为是佛祖释迦牟尼所说，并为后代记录整理的所有经典，一般都以“如是我闻”开头，表明经典的内容是亲自听闻的佛的说法，也只有这部分经典被准以“经”来命名。随着佛法东传，中国人对佛教经典的翻译、撰写、研究千余年来也从未停止，各类佛教著作汗牛充栋，数量多得难以统计。但是，在这些著作中，唯一被公开称为“经”的中国僧人撰述的经典，却只有一部《坛经》。《坛经》乃禅宗经典著作，是禅宗思想形成的标志，它影响了唐代以后整个中国佛教的理论走向，对整个禅宗史、佛教史，乃至中国思想史都有重要影响。

一、《坛经》的版本与发展

中国禅宗的发展，一直以《坛经》为至圣宝典，从惠能[1]圆

① 惠能，亦作慧能。在中国古代，“惠”与“慧”两字通用，所以两者名之皆可。本书中通用“惠能”。

寂至今的千余年里，各种版本的《坛经》先后出现，对于《坛经》版本的研究也比较成熟。综观现今存世的《坛经》版本，国内外共有相关校本近三十种，在对这些版本的比较研究中，学界所取得的基本共识是：《坛经》有一个形成和演变的历史过程，惠能是《坛经》的原作者，后人陆续对其内容进行了润色和扩增。在这个发展过程中，形成了四个比较有代表性的版本：敦煌本、惠昕本、契嵩本和宗宝本。这四个版本虽然在结构、内容、字数上有所区别，但其反映的禅宗思想基本上是一致的，其余版本都不过“是这四种本子中的一些不同的翻刻本或传抄本而已”（郭朋：《坛经导读》，成都：巴蜀书社，1987 年）。下面就对这四个版本进行简单的介绍。

（一）敦煌本

1923 年，日本学者矢吹庆辉在伦敦大英博物馆整理该馆收藏的敦煌文献时，发现了《坛经》的一个唐代手抄本，全名为《南宗顿教最上大乘摩诃般若波罗蜜经六祖慧能大师于韶州大梵寺施法坛经》，署名为“弘法弟子法海集记”，共为一卷，五十七节，不分品目。由于此本是英国人斯坦因从敦煌窃走的，因此被称为“敦煌本”，又因为这个本子的作者署名法海，所以也被称为“法海本”。该本首尾完整，经过校刊后收入《大正新修大藏经》中。这是我们今天能看到的最早的《坛经》手抄本，但并不能说这就是最古老的原本，也不能说是最早的流行本。同属于敦煌系统的《坛经》本子还有五种，分别是北京图书馆藏卷轴本残片一页（盛唐时代经生抄本）；北京图书馆藏卷轴本（只抄写了《坛经》的后部分，尾未抄完，但附有尾题）；敦煌博物馆藏册子本（简称“敦博本”，抄本首尾完整，字迹工整，错误较少）；原旅顺（今大连）博物馆藏册子本（简称“旅博本”，直到 2009 年 12

月，方才“失而复得”①，2010年，首次向学术界公开“旅博本《坛经》”的全部内容，为现今发现最早的和唯一记有“年款”的敦煌本《坛经》）；西夏文本（简称“西夏本”，仅存残片七页）。

在以上介绍的这六个版本中，除去刚刚“失而复得”而正在整理研究的“旅博本”外，只有“敦博本”和“敦煌本”是完整的抄本。比较而言，“敦博本”比“敦煌本”抄录得更工整、更清秀，错讹较少，堪称敦煌本《坛经》的善本（见附录）。

（二）惠昕本

“惠昕本”因惠昕改编而得名，刊印于宋朝，因此也称“宋本”。最初发现于日本京都掘川兴圣寺，故又称“兴圣寺本”。根据此本的两篇序——惠昕序和晁子健的后记，可知它是北宋初年邕州（今广西南宁）罗秀山惠进禅院沙门惠昕所编定，共二卷十一门，14000字，编定时间为“宋太祖乾德五年”（967年）。杨曾文先生曾考证：“惠昕本有不同的刊本，迄今发现有这样几种：(1)宋大中祥符五年（1012年）的周希古刊本，在日本名古屋真福寺发现，称真福寺本（手抄本）；(2)宋政和六年（1116年）的存中再刊本，在日本石川县大乘寺和金山天宁寺都有发现，故也称大乘寺本和天宁寺本（手抄本）；(3)宋绍兴二十三年（1153年）的晁子健刊本，在日本京都兴圣寺发现，称兴圣寺本（刊印本）。这些刊本内容基本相同，但在一些称呼、传法世系方面，有的刊本差异突出。”（杨曾文：《〈六祖坛经〉诸本的演变和慧能的禅法思想》，《中国文化》1992年第6期）

---

① 20世纪50年代，国家文物局上调旅顺博物馆馆藏佛经，旅博本《坛经》意外未被拿走，学术界以为它已佚失。2003年，旅顺博物馆进行文物数字化管理，在对旅博本《坛经》进行了拍照后，和众多文献档案资料混在一起的旅博本《坛经》被作为“普通古籍文献”定为三级文物。

（三）契嵩本

“契嵩本”是宋仁宗至和三年（1056 年），宋代工部侍郎郎简出资，沙门契嵩根据“曹溪古本”（故又称“曹溪古本”）校刊而成的本子，全书分为三卷。然而这三卷本的“曹溪古本”，即“契嵩本”早已不见于世。元朝末年，僧人德异说自己发现了《坛经》古本，并于元朝至元二十七年（1290 年）在“吴中休休庵”刊印了这种本子，史称“德异本”。据学者研究，“德异本”很可能就是“契嵩本”。经文为一卷十门，字数已经增加到 20000 余字。现世能见到的“契嵩本”是明嘉靖三十七年（1558）刊印的“高丽传本”。

（四）宗宝本

“宗宝本”是元朝僧人宗宝的改编本，又称“流布本”，是明朝以来最为流行的版本。根据宗宝本中的跋文可知，僧人宗宝“初入道，有感于斯，续见三本不同，互有得失，其版亦已漫灭，因取其本校雠，讹者正之，略者详之，复增入弟子请益机缘，庶几学者得尽曹溪之旨”，即他有感于三个版本各有得失，于是对诸本进行了改编，从而产生了宗宝本。至于宗宝跋中所提到的三种版本究竟是哪三种，是契嵩本、德异本和惠昕本，还是敦煌本、慧昕本和契嵩本，学术界并无定论。

与最早的敦煌本相比，该本在内容结构、语言表达以及文字数量上都有着很大的差别。敦煌本的内容分为五十七小节，而宗宝本却将全经分为十品。敦煌本的语言质朴，行文言简意赅，没有过多的修饰；宗宝本的语言大多经过修饰，行文有较多铺垫；敦煌本只有 12000 字，而宗宝本已经达到 24000 余字，整整多出了一倍。然而，尽管两者存在这样那样的差异，但其主题内容、基本思想仍然是一致的。凡是宗宝本中有的，敦煌本中也都有。《坛经》所要表达的明心见性、即心即佛、顿悟成佛等思想，在敦煌本和宗宝本也都是一致的。

比较而言，宗宝本的文字更为通顺，对禅宗思想的表述也更为详尽和全面。经过历代不同版本的修改以后而形成的宗宝本，是一个中和各家的本子，它把绝大多数禅宗派别所能接受的禅学思想固定下来，因此，从思想性、流传的广泛性、影响力来看，宗宝本比敦煌本更能代表唐宋之后禅宗思想的发展。因此最能代表禅宗公认的思想，能够完整地反映禅学的面貌。尽管当前注释敦煌本的学术注疏越来越多，但是基于上述原因，加之本书作为广大读者了解禅宗文化进门阶梯的创作宗旨，本书依然选取更为普及的“宗宝本”作为底本进行注疏，而将其他《坛经》版本的情况在本前言中加以介绍，并附敦煌原本《坛经》于文后，供读者赏析体悟《坛经》在历史发展中的文本增益与思想发展。

二、《坛经》的结构与内容

宗宝本《坛经》共分为“十品”，内容层层深入，下面就根据这十品的顺序，对《坛经》的内容简述如下：

“行由第一”，记述了惠能应韶州刺史韦璩等之邀，于大梵寺内为众生升座说法的过程。以回忆录的形式记述了惠能幼年丧父，“于世卖柴”，忽闻经语，“心即开悟”，遂前往黄梅，“参礼五祖”的得法因缘，以及获得五祖弘忍所传衣法，成为禅宗六祖的过程。本品是整篇《坛经》的主题，此后九品，则皆是围绕于此的分论。

“般若第二”，记述了惠能大师应韦璩刺史之请，为信众开示“摩诃般若波罗蜜多”法门的过程。这是一种能够度化众生，到达涅槃彼岸的大智慧。惠能在此讲述了自性般若智慧的意义和修行方法，其中涉及诸多禅学理论问题。

“疑问第三”，有疑而问，应问而答，应答而解。“疑问品”

记述了惠能大师在法会上为弟子解开心中疑惑的过程。在本品中，韦刺史代表所有弟子向惠能大师提出了三大疑问：第一，何为功德？第二，持念“阿弥陀佛”可否往生西方？第三，在家弟子如何修行？惠能对这些问题的回答从不同角度进一步发挥了禅学的创新思维。

“定慧第四”，记述了惠能大师从不同的角度对众人开示定与慧的关系，一行三昧的真义，以及南宗顿教法门的宗、体、本。关于定与慧的关系，惠能大师开示道：“定慧一体，不是二。定是慧体，慧是定用。”所谓“一行三昧”，关键是要在一切日常生活中，无论是行、走、坐、卧，都恒常保持一颗真实清净的直心。南宗顿教法门以“无念为宗，无相为体，无住为本”。

“坐禅第五”，在本品中，惠能大师对那些执著于固守本心、观想净相的枯木坐禅的方法给予了批评，直言单纯的枯坐或者守定是成就不了佛道的。这其实也是对当时神秀一系的禅修理论和传统佛教的禅学理论的批判。进而详细阐发了他对坐、禅、定的理解，对传统的坐禅、禅定做了重新的界说。

“忏悔第六”，在本品中，惠能大师向大家讲述了“自性五分法身香”“无相忏悔”“四弘誓愿”“无相三归依戒”“一体三身自性佛”的法门。“忏”为发露悔过过去所作的旧恶，“悔”为知错以后发誓不再作，合之才为“忏悔”。只知道忏其前愆，而不知悔其后过，不是真忏悔。惠能大师在此还特别强调了与传统佛教所讲的“忏悔”不同的“无相忏悔”。

“机缘第七”，记载了惠能大师应广大信众的需要，把握时机，应机说法，随缘开导。尽管人的根器有利钝之别，但是真如本心，般若本性却是毫无差别的。在惠能大师与信众相聚之时，有问有答，有疑有破，随机遇缘，禅机就在这一问一答间显现了出来。

“顿渐第八”，记述了五祖弘忍以后，禅宗分化为以惠能为代表的南宗和以神秀为代表的北宗。虽然南宗惠能大师与北宗神秀大师之间并无宗派之别，但是两派门下的弟子却时常相互非难、争议，其中既有潜入曹溪法会学法的志诚，也有奉命谋害六祖惠能大师的志彻，还有前来故意非难惠能大师的神会。本品中，惠能大师就针对志诚、志彻、神会三人，进行了应机说法，向他们开示了南宗顿教法门，三人听法后，均皈依曹溪，成为惠能大师门下的著名嗣法弟子。

“宣诏第九”，本品记述了武则天、中宗下诏，派遣内侍薛简前往曹溪请惠能大师进宫供养，惠能大师托辞年老有病，不肯进京，并开示薛简的经过。

“付嘱第十”，这是《坛经》的最后一品，记载了惠能大师圆寂之前最后付法嘱托诸位弟子的过程，是惠能大师的最后说法也是临终遗言，将大师一生中所说之法进行了总结，并记录了惠能圆寂后发生的一些事情。

三、《坛经》的基本思想

在中国佛教史上，禅宗占据了特殊重要的地位，唐宋以后更成为中国佛教的主流，重铸了中华民族的人生哲学。作为禅宗的宗门经典，《坛经》涵盖了中国禅宗的独特智慧，其根本思想只需四个字即可表明——“见性成佛”。这一理论简单明了，易懂易记，雅俗共赏。

整个《坛经》的立论基础就是“性本清净”，即人人皆具自性清净心，佛性本有，因此人人皆可成佛。而众生尚未成佛的原因，就在于被妄念迷住了本心，使佛性不能显现。据此，性本清净，性自明觉，“见自性清净，自修自作法身，自行佛行，自成佛道”，觉悟不在于向外追求，而在于反求诸己，识得自性，还得本心，便能觉悟。《坛经》中关于“性本清净”的论述比比皆是，如：“佛性即无南北……佛性有何差别”，“不识本心，学法无益，识心见性，即悟大意”，“人性本净……自性本净”，“本元自性清净”，“佛是自性作，莫向身外求”，如上等等，都是为了告诉众生自性本来清净，只要能够认识到这一点，反求诸己，就能够“顿现真如本性”。

这种“即心即佛”的佛性论使中国佛教思想产生了革命性的变化。传统佛教主张的外在的止观坐禅等修行方式、依靠他力求生西方，以及那些繁琐的佛教义理和名相分析，在《坛经》中都被重新解读，取而代之一种崭新的以“人”为核心的“心”学思想。原本佛教是否定主体存在的，但是到了惠能这里，心性本体的观念却被确立起来。惠能在谈到自己的无修之修时，提出了“以无念为宗，无相为体，无住为本”的三原则。无念，“于念而不念”；无相，“于相而离相”；无住，念念相续。同时《坛经》还提出了“三十六对法”，如天地、日月、明暗、阴阳、有无、色空等，“此三十六对法若解用，即通贯一切经法，出入即离两边。”超越了这二元对立，方能“见性成佛”。这从本质上讲，禅宗思想就是强调一种“离念、离相，超二元对立的否定性思维”，是一种涵盖一切的超越精神。（参见麻天祥：《中国禅宗思想发展史》，武汉：武汉大学出版社，2007）

《坛经》的心性本体论还表现在“自心三归依”和“唯心净土”的提出。佛教本有“佛、法、僧”三归依之说，但是惠能却提出“佛者，觉也；法者，正也；僧者，净也”，用“觉、正、净”三个无相的心性学范畴取代了“佛、法、僧”三个有相的存在。因此，在惠能这里，真正归依的其实是那颗本自觉悟、清净、纯正的心，心性本体论再次被强调。

值得一提的是，南宗惠能的禅宗思想之所以大为流传，还与

《坛经》中所谓“顿悟成佛”、直截了当的修行方式有密切关系。惠能的“顿现真如本性”是在一刹那完成的，不需要有渐进的过程，“不假外修”，“一念若悟，即众生是佛”。因此，他并不以为静坐敛心才算是禅，他教人只从无念著手，并不限于静坐一途，应该任心自运，无所执著，这才是禅的真正意境。其实，关于禅与禅定，在《坛经》之前，两者始终是混为一谈的，直到《坛经》中云：“外于一切境上念不起为坐，见本性不乱为禅。外离相曰禅，内不乱曰定。”这才第一次将禅宗思想从禅定的形式中解放出来。外而离相，内而见性，才是禅。也就是要借离相的否定性思维，达到见性的目的，以自我意识否定客观世界的种种对立，达到与本体的合一。在这里，定、坐只是一种方法和手段而已。因此，他对“坐禅”“禅定”是持批评态度的，他主张禅于一切行、住、坐、卧之中，而绝不是如哑羊枯坐。因此，从这个角度来看，所谓顿悟之说，也不过是禅宗否定性思维的另一种表述形式而已。

总之，《坛经》是佛教中国化的理论结晶，它使佛教思想的重心“由外在的佛性转为内在的人心，由关注佛土来世转为关注人间现世，从而使中国佛教具有浓厚的以人为本，以心为宗的理论色彩”。(潘蒙孩：《〈坛经〉禅学新探》，中国社会科学院，2010)

四、《坛经》的注疏与研究

《坛经》作为中国佛教思想发展史上的里程碑，自问世以来，就很快风行禅林，影响深远。千余年来，无论是学界还是佛教界，对《坛经》的研究从来没有停止过。关于《坛经》的注疏，历来很多，如契嵩的《法宝坛经赞》、天柱的《注法宝坛经海水一滴》五卷、袁宏道的《法宝坛经节录》、李贽的《六祖法宝坛经解》、恒璇的《法宝坛经要解》等（参见尚荣注译：《坛经》，北京：中华书局，2010），皆收录于《大藏经》。进入到20世纪以来，特别是敦煌遗本《坛经》的发现，更引发了《坛经》的研究高潮，有关《坛经》的校注、译注成果非常可观。据有学者统计，国际上关于《坛经》的各种校注本将近三十种。中国大陆的校注本，现代翻译本也有二十余种。其中比较流行和重要的有：郭朋点校、注释的《坛经对勘》（山东：齐鲁书社，1981年）、《坛经教释》（北京：中华书局，1984年）、《坛经导读》（四川：巴蜀书社，1987年）；杨曾文点校、注释的《敦煌新本六祖坛经》（上海：上海古籍出版社，1993年）；魏道儒译注的《白话坛经》（西安：三秦出版社，1992年）；徐文明注译的《六祖坛经》（郑州：中州古籍出版社，2008年）；黄连忠编撰的《敦博本六祖坛经校释》（台北：万卷楼图书公司，2006年）；尚荣译注的《坛经》（北京：中华书局，2010年）等等。

有关《坛经》的研究成果众多，其观点必然见仁见智。除前面所讲的版本问题，与之相关还有三大问题特别引人关注。

其一，是关于《坛经》的作者究竟何人。20世纪中期，还为此引发过一场旷日持久的学术讨论。先是胡适据敦煌文献新发现的资料，先后发表《菏泽大师神会传》等数篇文章，提出《坛经》的作者不是惠能，而是神会。之后，钱穆、杨鸿飞、蔡念生、澹思等人不断加入论争。印顺法师也于1971年撰文《神会与坛经——评胡适禅宗史的一个重要问题》，提出有力的考证，认定《坛经》的作者就是惠能，神会门下只是补充了一部分。自此以后，学术界也大多赞同“《坛经》基本反映了惠能思想，同时其内容也有后人增益之成分”的观点。（参见李天保：《永恒的禅宗学术经典——〈六祖坛经〉评介》，《求索》2010年第12期）

其二，是关于《坛经》的“嗣法三偈”。“菩提本无树，明镜亦非台。本来无一物，何处惹尘埃。”千百年来，惠能的这首偈语在佛教界、思想界、缙绅、士民之间广为流传，成为代表禅宗顿悟特征的口号。与神秀的那首“身是菩提树，心如明镜台。时时勤拂拭，莫使惹尘埃”相对应，二人优劣高下立判。然而随着敦煌本《坛经》的发现，其中有关惠能的“嗣法偈”，从一首变为了两首，分别是：“菩提本无树，明镜亦无台。佛性常清净，何处有尘埃”；“身是菩提树，心为明镜台。明镜本清净，何处染尘埃”。这两首偈语所反映出来的思想内容也与原来人们所耳熟能详的那首偈子大相径庭。一石激起千层浪，中外学者围绕“嗣法三偈”展开了热烈而持久的讨论。陈寅恪写有《禅宗六祖传法偈之分析》，说“敦煌本《坛经》偈文较通行本即后来所修改者语句拙质，意义重复，尚略存原始形式。”并提出了两个批评：第一，此偈之譬喻不适当；第二，此偈之意义未完备。陈寅恪的这篇文章引起了强烈反应。田光烈、刘楚华纷纷撰文回应，并认为，“菩提树”是“佛法身”的象征，此处譬喻并无不妥。而关于这“嗣法三偈”的真伪，学术界主要有三种观点。一种观点是，“敦煌本”的第一首是真的，第二首是衍文，流通本的偈语是经过后人被篡改的，郭朋先生即持此观点。第二种观点认为，次偈并非衍文。“敦煌本”《坛经》中两首偈子均与《金刚经》的“无住”“无相”思想相契合，是惠能所开创的南禅思想的核心所在，前者破，后者立，相辅相成，李润生的《神秀、慧能偈颂辩解》支持这一论点。第三种观点认为，流通本的偈语才是惠能真正的“嗣法偈”。净慧法师专门撰写《关于慧能得法偈初探——兼论〈坛经〉的版本问题》和《关于慧能得法偈再探》二文，进行论述。（参见李志军：《“慧能三偈”是非百年》，武汉：武汉大学出版社，2008 年）

其三，还是围绕“嗣法偈语”，是就神秀和惠能的偈语究竟孰高孰低而展开的讨论。无论惠能的三首偈语孰真孰假，有一点似乎已成定论，那就是，“惠能偈”优于“神秀偈”，五祖衣法最终是传给了惠能。因此，历史上不乏对惠能偈语的褒扬，乃至神话。然而随着学者研究的深入，逐渐有学者提出诸如“神秀偈”优于“惠能偈”（大圆：《论能秀两大师》），“神秀偈”是伪造的（任继愈：《汉唐佛教思想论集》）等新论。即使抛却真假是非不论，从《坛经》所表达的意思来说，“惠能偈”与“神秀偈”一样，同样未曾“明心见性”。倘若说“神秀偈”执著于“有”，“惠能偈”无疑执著于“空”了。“迷时师度，悟时自度”，惠能作偈后，五祖弘忍还要为其讲《金刚经》，也足以证明此境地里的惠能未圆、未彻、未真正见性。直至讲到“应无所住生其心”时，惠能才真正圆了、彻了、见性了。（参见陈燕：《从〈六祖坛经〉看不立文字》，《名作欣赏》2009 年第 7 期）

总之，《坛经》是禅宗思想文化最为集中的体现和反映，是中国化佛教思想走向成熟的标志，是中国佛教思想发展的里程碑，确实值得每一个人学习、传承，并体悟其中的含义，得般若妙智，超一切烦恼，获自在解脱。

在本书的注释过程中，参考了诸位方家的研究，实在算不得愚人的成果。由于本书针对的主要是对佛学感兴趣而又认识尚浅的读者朋友，因此注释之时较之前人注解，会尽量全面、详细一些。作为中国传统文化的精粹，《坛经》的内容绝不止于佛学一门，而是涵盖了整个中国传统文化的各个方面，因此，本书对其中包含的基本佛学词汇、国学常识、文化术语，甚至是生僻不为大家所熟识的字、词都做了较为详细的注解，并希望这不仅只是一本《坛经》的注释书籍，更能成为大家熟悉、了解中国传统文化、佛教文化的“敲门砖”，也算是本书不同于他书的一点可取之处吧。

行由第一

导读

行由，修行之因缘由来也。“行由品”记述了惠能应韶州刺史韦璩等之邀，于大梵寺内为众生升座说法的过程，本品以回忆录的形式记述了惠能幼年丧父，“于世卖柴”，忽闻经语，“心即开悟”，遂前往黄梅，“参礼五祖”的得法因缘。其初见五祖时所言之“人虽有南北，佛性本无南北”的答语，开门见山地表明了禅宗“一切众生，悉有佛性”，故“一切众生，皆可成佛”的佛性理论。而那首脍炙人口的“菩提本无树，明镜亦非台。本来无一物，何处惹尘埃”的得法偈子，在强调“佛性本清净”的基础上，更暗含了“顿悟成佛”、直截了当的修行方式。得法之后，惠能“迷时师度，悟了自度”之言，则表明了禅宗不假外借，反求诸己的思想。回到岭南后，惠能与樵夫、猎户为伍隐居了十六年。其后到广州法兴寺，由一句“不是风动、不是幡动，仁者心动”，指向了中国佛教所特有的心性本体，震惊四座，备受瞩目。从此开坛说法，南宗兴起，一花五叶，至今绵延不绝，成就了中国文化史上的辉煌。由于以上诸多禅宗著名的典故均来源于此，禅宗思想的特质也在本品中被一一昭示，因此可以说，“行由品”是整篇《坛经》的主题，此后九品，则皆是围绕于此的分论。

经文

时①，大师至宝林②。韶州③韦刺史④（名璩⑤）与官僚入山请师出，于城中大梵寺⑥讲堂为众开缘说法。

师升座⑦次，刺史官僚三十余人，儒宗学士⑧三十余人，僧尼道俗⑨一千余人，同时作礼，愿闻法要。

大师告众曰："善知识⑩！菩提⑪自性⑫，本来清净⑬。但用此心，直了成佛⑭。善知识！且听惠能行由得法事意。"

注释

①时：指"说法的那个时候"，这是佛经中介绍说法时间的一种表述方法，并非确指。根据考证，文中说法的时间大约在唐高宗仪凤二年，即公元677年。

②宝林：指宝林寺，坐落于广东省韶关市的曹溪之畔。寺院始建于南北朝梁武帝天监元年（502），天监三年（504）建成。梁武帝赐"宝林寺"名，后又先后更名为"中兴寺""法泉寺"，到了宋开宝元年（968），宋太宗敕赐"南华禅寺"，这个寺名一直沿袭至今。因为南华寺是禅宗六祖惠能弘扬"南宗禅法"的发源地，因此也被称为六祖道场。

③韶州：即今广东省韶关市，位于广东省北部。韶州的地理位置非常重要，有"控扼五岭，韶为交冲。唇齿江湘，咽喉交广"之称。

④刺史：官名。刺史制度于汉武帝时期始置。"刺"，有检核问事之意，本为监察官性质，其官阶低于郡守。后因农民起义爆发，朝廷为加强镇压力量，改刺史为牧，权势渐大，掌握一州的军政大权。三国至南北朝，各州亦多置刺史，一般以都督兼任。隋以后，刺史为一州的行政长官。宋朝刺史与太守已无区别，清代以刺史作知州的别称。可见，不同时期的刺史，地位是不同

的。文中所提到的这位韦璩刺史，地位相当于现在的省长。

⑤璩：音“qú”。

⑥大梵寺：位于广东韶关。但是究竟哪座寺院是这里所说的大梵寺呢？目前还有争议。一说根据《广东通志》记载：“韶州府曲江县，报恩光孝寺……名开元寺，又更名大梵寺，为刺史韦璩请六祖说《坛经》处。”一说讲坛经中的大梵寺是今天韶关市区的大鉴禅寺。大鉴寺，原名大梵寺，始建于唐显庆末年（660），惠能大师曾多次应邀到大梵寺讲经说法。因为六祖圆寂后，谥惠能为大鉴禅师，为纪念六祖，故改名为大鉴寺。

⑦升座：禅门用语。在说法的座位上落座。

⑧儒宗学士：儒宗，即宗儒，宗奉儒家的人；学士，指学者。儒宗学士即指宗奉儒家的饱学之士。

⑨僧尼道俗：僧，是梵语“僧伽”的简称，意谓众多。佛教出家徒众成为有组织有规律有系统的团体，乃可名僧。实际上，僧也就是“佛教的教团”的意思。结集此团体的分子，也即出家者，通常指和尚，即出家的男众，女众则称为比丘尼。道，指尊奉道家学说的人。俗，这里指未入佛门，在家修行的信众。

⑩善知识：是梵文 Kalyanamitra 的意译，可视为一种赞誉性的敬称，指那些具有道德学问的人。佛教把这些能够引导众生学佛为善的导师或菩萨，尊称为善知识。在这里，是对听法大众的礼貌的称谓，即善友、道友、良师的意思。

⑪菩提：是梵文 Bodhi 的音译，意思是觉悟、智慧，用以形容学佛之人忽如睡醒，豁然开悟，断绝世间烦恼而成就涅槃，达到超凡脱俗境界的智慧。

⑫自性：指一切现象的本体或一切心相的性体，即“诸法各自有不变不改之性，是名自性”。

⑬清净：佛教远离恶行的过失，远离烦恼的污染，就是清

净。佛教中有两种清净，第一种是远离恶行的过失，断烦恼的垢染，这是障尽解脱的离垢清净；第二种是超诸善恶，无相对待、性净解脱的自性清净。

⑭佛：是佛陀的简称，意为觉者。佛经中说，觉具三义："一者自觉，谓悟性真常，了惑虚妄；二者觉他，谓运无缘慈，度有情众；三者觉行圆满，谓历劫修因，行满果圆，是名为佛"，也就是我们所说的自觉、觉他、觉行圆满，这是学佛的最高境界。

译文

唐高宗仪凤二年（667），惠能大师来到广东韶州南华山之宝林寺。韶州刺史韦璩与他的部属们一同入山，请出惠能大师，到城中的大梵寺讲堂，为众生开示佛法大意。

到了寺中，大师高升法座，韦刺史和其他行政部僚三十多人，儒门饱学之士三十多人，比丘、比丘尼、道学之士与在家信众一千余人，同时向大师行礼，希望听闻大师演说无上妙智的禅宗顿教解脱法门。

惠能大师告诉众人："各位善知识，你们可知，菩提自性，原本是清清静静、人人具足的，只要我们能认识到这一点，体悟自己的清净本心、菩提本性，当下便可顿悟成佛！各位善知识，就让我先介绍一下自己的得法因缘和经历吧！"

经文

"惠能严父[①]，本贯范阳[②]，左降[③]流于岭南[④]，作新州[⑤]百姓。此身不幸，父又早亡，老母孤遗，移来南海[⑥]，艰辛贫乏，于市卖柴。

"时，有一客买柴，使令送至客店。客收去，惠能得钱，

却出门外，见一客诵经。惠能一闻经语，心即开悟，遂问客：‘诵何经？’

“客曰：‘《金刚经》。’⑦

“复问：‘从何所来，持此经典？’

“客云：‘我从蕲州黄梅县⑧东禅寺⑨来。其寺是五祖忍大师⑩在彼主化，门人一千有余。我到彼中礼拜，听受此经。大师常劝僧俗，但持《金刚经》，即自见性，直了成佛。’

“惠能闻，说：‘宿昔有缘。’乃蒙一客，取银十两与惠能，令充老母衣粮，教便往黄梅参礼五祖。”

注释

①严父：对父亲的尊称。自古有“父严母慈”之说，又《孝经》言：“人之行莫大于孝，孝莫大于严父”，故古代多尊称父亲为“严父”。

②范阳：地名。历史上范阳的所辖区域多有变动，约在如今北京市和河北保定市北部。

③左降：左为贬谪、降职，左降指古代官员被朝廷下放到地方为官。

④岭南：是指中国南方的五岭之南的地区，相当于现在的两广一带。

⑤新州：指今广东省新兴县。

⑥南海：指今广东省佛山市南海区一带。

⑦《金刚经》：全名《能断金刚般若波罗蜜经》，大乘佛教重要经典，尤为惠能禅宗南宗顿教所重。《金刚经》传入中国以来，自东晋到唐朝共有六个译本，其中以鸠摩罗什所译最为流行。文中弘忍大师所推崇的这个《金刚经》，就是鸠摩罗什的译本。《金刚经》通篇讨论空的智慧，在中国文化中影响十分深远。南怀瑾

先生评价道："《金刚经》是佛经典中很特殊的一部，他最伟大之处，是超越了一切宗教性，但也包含了一切宗教性。"而禅宗思想到了惠能，用简单明快的明心见性、顿悟成佛的修道方式改革了讲求坐禅渐修的修行方式，也常被视为是《金刚经》对《楞伽经》的革命。

⑧蕲（qí）州黄梅县：蕲州，指今湖北蕲春县。黄梅县，指今湖北黄梅西北部地区。在禅宗发展史上起到重要作用的四祖道信、五祖弘忍、六祖惠能，都与湖北蕲州黄梅关系密切，有学者直言所谓中国禅也可以说是"黄梅禅"，所谓中国禅风实际上也是"黄梅禅风"，"三代禅祖聚蕲黄"也因此被传为美谈。因而，古代的蕲州黄梅，历史上被誉为"小天竺"，并有"蕲黄禅宗甲天下"和"佛教人事问黄梅"之说。

⑨东禅寺：即东山禅寺，也即如今的五祖寺。唐永徽二年（651），四祖道信"密付法衣"，弘忍继任，领众修行，世称"五祖黄梅"。其后，参学的人日见增多，弘忍大师于黄梅双峰山东冯茂山另建道场，取名东山寺，安单接众，门徒甚众，规模空前。从此以后，五祖弘忍的禅法，也被称为东山法门。

⑩五祖忍大师：弘忍（602—675），生于隋仁寿二年（602），俗家姓周，祖籍浔阳（故址在江西九江），后迁居蕲州黄梅。《祖堂集》中记载他自幼就十分聪慧，思维敏捷，学过的事情立刻就能记住，不会再问第二遍。七岁时，被四祖道信所遇见。《五灯会元》上有这样一个故事：有一天，四祖道信去黄梅县，在路上碰见一个小孩，他见这个孩子异乎寻常，便问："你姓什么？"这个孩子答道："姓即有，不是常姓。"四祖问："那是什么姓呢？"孩子又回答说："是佛性。"道信接着问："你没有姓么？"孩子说："性空，故无。"道信不禁感叹道："这不是一个一般的孩子啊！二十年后，这个孩子必定能够大作佛事！"于是就派人跟随

他回家，征求他家长的意见，欲将他收为弟子。他的父母欣然同意，于是，这个孩子便被带到了双峰山，也就是后来的五祖弘忍。弘忍生性勤勉，白天劳动，晚间习禅，三十年来不离开道信大师左右。道信对他悉心教授，后来成为著名的禅宗五祖。唐高宗上元二年（675）二月，弘忍逝世，终年七十四岁。唐代宗谥号大满禅师。弘忍门下的徒众极多。据记载，弘忍最得意的弟子有十一个，分别是神秀、智诜、刘主簿、慧藏、玄约、老安、法如、惠能、智德、义方、玄赜。这些弟子各化一方，东山法门遂传播于全国。

译文

“我（惠能）的父亲，本是范阳人，后来因事被贬，流放到岭南地区，成为广东新州的百姓。我的身世是如此的不幸！父亲很早就去世了，剩下年老的母亲与我相依为命。后来，我们搬来南海居住，生活艰辛而贫乏，靠在集市上卖柴为生。有一天，一位客人来店买柴，让我把柴送到他所居住的客店。这位客人把柴收去，我也得到了卖柴的钱。刚刚出门，就听到有居住在此的一位客人正在诵读经文。我一听闻他所读的经语，心中即了之其中深意，有所开悟。于是便问客人：‘您所读的是哪本经典啊？’那位客人说：‘我读的是《金刚经》。’我又问道：‘您这是从何而来，为何会持诵这本经典呢？’那位客人答道：‘我是从蕲州黄梅县东禅寺来的。那东禅寺是禅宗五祖弘忍大师弘化佛法的道场，他的门人有一千多人！我在那里听弘忍大师开悟佛法，劝导修行，听闻了这本《金刚经》。弘忍大师经常劝导无论是出家弟子还是在家信众，都要诵持理解这本《金刚经》，只要认识了自己身上的佛性，便可直截了当，顿悟成佛！’听完这位客人的话，我禁不住感叹：原来自己与佛法真有宿昔积累的缘分啊！适逢一位客人给了我十两银子作为助缘，让我为老母亲购置了衣服和食粮，好让我没有后顾之忧地前往黄梅礼拜五祖。”

经文

“惠能安置母毕，即便辞违，不经三十余日，便至黄梅，礼拜五祖。

“祖问曰：‘汝何方人？欲求何物？’

“惠能对曰：‘弟子是岭南新州百姓，远来礼师，惟求作佛，不求余物。’

“祖言：‘汝是岭南人，又是獦獠①，若为堪作佛？’

“惠能曰：‘人虽有南北，佛性本无南北。獦獠身与和尚②不同，佛性有何差别？’

“五祖更欲与语，且见徒众总在左右，乃令随众作务。

“惠能曰：‘惠能启和尚，弟子自心常生智慧③，不离自性，即是福田④。未审和尚教作何务？’

“祖云：‘这獦獠根性⑤大利！汝更勿言，著槽厂⑥去！’

“惠能退至后院。有一行者⑦，差惠能破柴踏碓⑧，经八月余。”

注释

①獦獠（géliáo）：一般来说，獦獠是指古代对南方以田猎渔捕为生的少数民族的蔑称。在这里，五祖弘忍对身为岭南人的“獦獠”惠能是否可以成佛提出了质疑，而惠能的回答显然是立足于佛教“众生平等”“人人具有佛性”的理念，因而得到了弘忍的赏识。然而，这一段对话在后来却成为了一则公案，甚至提高到了弘忍是否具有广大慈悲之心，度一切众生的高度来立论，使得这个词语的词义，变成了一则原则性的问题，甚至成为人们阅读《坛经》的焦点问题之一。此处对獦獠的解释也就显得尤为

重要。虽然对于獦獠的解释目前学术界尚有争议，但是得到公认的是，这里的獦獠是蕴含了一种南方少数民族地区原始崇拜的宗教含义在其中的。简单来说，弘忍的话中应该含有“你既是没有开化的南方蛮夷，又具有原始信仰，又怎么能够转而信佛呢?”这样一层意思。

②和尚：比丘的俗称，意思就是“师”。和尚本是一个尊称，要有一定资格堪为人师的出家人才能够被称和尚，不是任何人都能称的。这个称呼并不限于男子，出家女众有资格的也可以称和尚。但是后来习俗上这个字被用为对一般出家人的称呼，而且一般当做是男众专用的名词。

③智慧：佛教中，智和慧是不同的，明白一切事相叫做智；了解一切事理叫做慧。《大乘义章》卷九即有云：“照见名智，解了称慧，此二各别。知世谛者，名之为智，照第一义者，说以为慧，通则义齐。”文中所说的智慧是指般若正智。

④福田：指可生福德之因缘。田以生长为义，人若行善修慧，敬侍佛、僧、父母、悲苦者，就可以得到福慧之报，就好比农人耕田会得到收获一般，即称为福田。

⑤根性：“根性”一词源于佛语，是指众生善恶的业力和习性。业力指能产生善恶的力，叫做“根”；习性指善恶的习气，叫做“性”。

⑥槽厂：养马房。

⑦行者：又称行人，修行人。行者指居住在佛寺但留着头发修行的人，禅语中还特指方丈之侍者。

⑧踏碓（duì）：碓，指用于去掉稻壳的脚踏驱动的锤子，落下的时候砸在石臼中，刚好去掉稻谷的皮。踏碓，即用脚踏舂米碓，这种工具发明于西汉。

译文

“惠能安顿好母亲后，便立即拜别上路了。不到三十天，便来到了蕲州黄梅，礼拜五祖弘忍大师。

“弘忍大师问道：‘你是何方人士？来到这里想求得什么？’

“惠能回答道：‘弟子是五岭以南广东新州的一名普通百姓，不远万里来到黄梅参礼您，只想成就佛果，不求其他的东西。’

“弘忍大师又说：‘你是岭南人，又是没有开化的蛮夷，怎么能成佛呢？’

“惠能答道：‘人虽然有南方和北方的地域差别，但是人人可以成佛的本性是没有南北地域之分的。我这个南方蛮夷的身体和大师您的身体即便不同，可是，这可以成佛的本性又有什么差别呢？’

“弘忍大师还想再和惠能说下去，但是看到身边还有众多弟子，便让惠能先跟随大家一起干活。

“惠能又说：‘惠能启禀大师，弟子的自性本心常常生起般若智慧。弟子认为，只要我们不离自己的自性本心，便是一块大福田，能够孕育无穷无上的般若正智。不知道大师需要我干什么呢？’

“弘忍大师说：‘你这蛮夷的根器天赋真是好啊！你不必再多言，先到后院马棚里干活吧。’

“惠能退下，来到后院，有一位行者，安排惠能做砍柴、舂米的工作。就这样，转眼过去了八个多月。”

经文

“祖一日忽见惠能，曰：‘吾思汝之见可用，恐有恶人害汝，遂不与汝言，汝知之否？’

“惠能曰：‘弟子亦知师意，不敢行至堂前，令人不觉。’

“祖一日唤诸门人总来：‘吾向汝说，世人生死事大，汝等终日只求福田，不求出离生死苦海①，自性若迷，福何可救？汝等各去自看智慧，取自本心般若②之性，各作一偈③，来呈吾看。若悟大意，付汝衣法④，为第六代祖。火急速去，不得迟滞。思量即不中用，见性之人，言下须见。若如此者，轮刀上阵，亦得见之（喻利根⑤者）。’

“众得处分，退而递相谓曰：‘我等众人，不须澄心用意作偈，将呈和尚，有何所益？神秀⑥上座⑦，现为教授师⑧，必是他得。我辈谩作偈颂，枉用心力。’余人闻语，总皆息心。咸言：‘我等已后，依止⑨秀师，何烦作偈？’”

注释

①生死苦海：佛教认为，一切众生因惑业所招，生了又死，死了又生，在天、人、阿修罗、饿鬼、畜生、地狱等六道迷界中生死相续、永无穷尽，生死之苦就好像汪洋大海一样无边无际。

②般若（bōrě）：梵语音译，意译为智慧。《智度论》四十三曰：“般若者，秦言智慧。一切诸智慧中，最为第一，无上无比无等，更无胜者。”即指通达真理的无上妙慧。

③偈（jì）：是梵语 Gatha 的省音译，音义并译为偈颂。通常由固定的字数和音节组成，不论三言、四言乃至多言，一般以四句为一偈。佛经在用散文（正文）叙述以后，往往又用韵文（也就是偈）概括地复述一遍，以加强读者的印象。偈颂是一种韵白交替的说唱文学，许多偈颂实际上就是一首简短活泼、寓意深刻的诗歌。

④衣法：指衣与法。衣指出家人的袈裟，法指正法。禅宗的传承，师传法给弟子，以付授袈裟为表征，故传衣也具有传法之

义。内传法以印证宗门的佛心宗旨，外传衣以表示师承的信实无虚。

⑤利根者：利，速疾的意思；根，为根机、根性、根器，有能生的意思。受教修道的素质，速疾而生妙解，称为利根。利根者即利根之人，能敏锐理解佛法，并进而达到解脱。

⑥神秀：神秀（606—706），俗姓李，京东尉氏（故址在河南尉氏县）人，少览经史，博综多闻。既而奋志出尘，剃染受法。于唐武德八年（625）在洛阳天宫寺受具足戒。他于“老庄玄旨，《书》《易》大义，三乘经论，四分律仪，说通训诂”都很精通。五十岁时，至东山寺参谒弘忍，“以坐禅为务，乃叹伏曰：此真吾师也”。如此六年，深为弘忍所器重，曾有“东山法门，尽在秀也”之叹，还曾亲口对神秀说：“吾度人多也，至于悬解圆照，无先汝者”。后“命之洗足，引之并坐”，成为弘忍的上座弟子，为“教授师”。可见神秀在弘忍弟子中的地位是相当重要的。《坛经》中夜付袈裟给惠能的记述，在北宗记载中其实是找不到的，只说神秀长期隐居，时人不知其踪迹。

⑦上座：僧寺的职位名，位在住持之下，除了住持以外，更无人高出其上，故名为上座，为寺中沙门所尊敬者。

⑧教授师：五种阿阇梨之一，是专门教授弟子行、走、坐、卧四威仪、作法的轨范师。

⑨依止：依赖止住于有力、有德之处而不离的意思。

译文

“有一天，弘忍大师突然见到惠能，对我说：‘我认为你的见解很有可取之处，但是我怕重用你，会有恶人因嫉妒而加害于你，所以才没有进一步与你深谈，你明白我的用意吗？’

“惠能答道：‘弟子也知道大师的用意何在，所以从来不敢走到大堂，以免被人察觉。’

“有一天，弘忍大师召集门下所有徒众前来，说：‘我和你们说，世间众人向来将人的出生和死亡视为一件大事。你们这班徒众，整天也只知道烧香拜佛，持戒修善，以求人天福报。但是，你们却不求跳出生死轮回，脱离不了生死苦海，你们都没有认识到自己已被遮蔽迷惑的清净本性，你们所做的这些福报功德又怎能拯救你们脱离人生苦海呢？请你们每个人回去各自观照自己的本心，体悟自性本身的般若无上妙智，各自做一首悟道偈颂呈给我看。倘若有谁真正体悟到了佛法真意，我便将衣钵与禅门教法交付予他，他将成为禅门第六代祖师。你们赶快回去体悟，不得有所迟疑犹豫。费劲心思思考揣摩是无法真正体悟自性本心的，真正认识到真如佛性之人，当下即可顿见！这样利根的人，即使提着刀在战场上殊死厮杀那一刻，也可以当下彻见本性！’

“大家得到弘忍大师的吩咐，退下后相互讨论道：‘像我们这样的人，就不用绞尽脑汁，费力费神地去做这首偈颂了，即使做了呈送给弘忍大师，又能有什么好处呢？神秀上座现在已经是我们的教授师父了，这六祖的衣钵和教法，一定会传给他的。我们这些小辈，倘若就这样冒昧地呈上一首偈颂，岂不是枉费心力？’其他人听到这番话，也觉得很有道理，都说：‘我们以后就跟着神秀师学习修行好了，何必去费心地做什么偈颂呢？’”

经文

“神秀思惟：诸人不呈偈者，为我与他为教授师。我须作偈，将呈和尚。若不呈偈，和尚如何知我心中见解深浅？我呈偈意，求法即善，觅祖即恶，却同凡心夺其圣位奚别？若不呈偈，终不得法。大难！大难！

“五祖堂前，有步廊三间，拟请供奉[①]卢珍[②]画《楞伽经变相》[3]及《五祖血脉图》[4]，流传供养。神秀作偈成已，数度欲呈，行至堂前，心中恍惚，遍身汗流，拟呈不得。前后经四日，一十三度呈偈不得。

“秀乃思惟：不如向廊下书著。从他和尚看见，忽若道好，即出礼拜，云：‘是秀作。’若道不堪，枉向山中数年，受人礼拜，更修何道？

“是夜三更，不使人知，自执灯，书偈于南廊壁间，呈心所见。偈曰：

身是菩提树[5]，心如明镜台；
时时勤拂拭，勿使惹尘埃。”

注释

①供奉：官名。唐代时，凡是有高深修养的文人及艺术家，皆被皇帝罗致左右，以技艺侍奉帝王，故有翰林供奉诸名。到了宋代，尚有东西头供奉官。清代有在南书房行走者，也自称内庭供奉。

②卢珍：唐代的宫内供奉，根据本文，他应该擅长工画人物与佛经故事。

③《楞伽（qié）经变相》：《楞伽经》，全名《楞伽阿跋多罗宝经》，大乘佛教重要经典，讲述了唯心、如来藏及阿赖耶识之教义。“变相”，又称“变像”“变绘”，画极乐或地狱的种种动相，称为变相。《楞伽经变相》，就是画《楞伽经》中所示极乐世界或地狱可怕的形相变图。

④《五祖血脉图》：禅宗五祖分别是初祖达磨大师、二祖慧可大师、三祖僧璨大师、四祖道信大师、五祖弘忍大师。血脉是指体内流通血液的经络，在此借以形容嗣续列祖之传。《五祖血脉图》描绘的是禅宗列祖之间直系的师承脉络。

⑤菩提树：原名毕钵罗树，因为释迦牟尼就是在此树下成道，故又名菩提树。

译文

“神秀心中暗想：大家都不向弘忍大师呈上偈颂，是因为我是他们的教授老师。我必须要作一首偈颂呈给大师。倘若我不呈上这首偈颂，大师又如何知道我心中见解的深浅呢？我呈上这首偈颂的本意，是想要求法，那这一初衷就是善的；如果我呈偈颂的意图，是为了求得大师传下的衣钵，谋得祖师的地位，那就是贪心恶念。如果那样，我和那些处心积虑地想谋得传法衣钵和祖师地位的凡夫俗子又有什么区别？但是如果因为这样，就不呈上偈颂，那么终究不能真正得到大师的心法传承，真是太难选择了，真是太难了！

“当时，弘忍大师的堂前有三间步廊，准备请供奉卢珍在廊壁上绘画《楞伽经变相》和《五祖血脉图》，以供世代保存流传供养。神秀做完偈子后，几次都想呈送给弘忍大师，但是每次走到大堂前，总是心中没底，神色恍惚，全身流汗，想呈送又最终没敢呈上。就这样，前后过了四天，总共去了十三次想呈送偈子，但都没有成功。

“神秀想：不如我就把这首偈颂偷偷地写在这廊壁上吧。任凭弘忍大师看到，如果他觉得我写的偈颂不错，有见地，那我就出来向大师行礼，告诉大师这首偈颂是我神秀所作。如果大师觉得我写的偈颂不好，没有见性，那我真是惭愧不已，枉在山中修行学佛这么多年，还接受别人的礼拜，还修什么道呢！

“于是，当天夜半三更的时候，神秀一个人悄悄地不让别人知道，自己秉持着灯烛，将做好的偈颂写在了南廊的墙壁上，把自己对佛法的体悟表达出来。那首偈颂是这样写道的：我的身体就像是菩提之树一般，我的心灵就如同一面明镜一样，我要时时刻刻努力地擦拭它，一定不能让它受到尘埃的沾染。”

经文

“秀书偈了，便却归房，人总不知。秀复思惟：五祖明日见偈欢喜，即我与法有缘。若言不堪，自是我迷，宿业障重①，不合得法。圣意难测，房中思想，坐卧不安，直至五更②。

“祖已知神秀入门未得，不见自性。天明，祖唤卢供奉来，向南廊壁间绘画图相。忽见其偈，报言：‘供奉却不用画，劳尔远来。经云：‘凡所有相，皆是虚妄。’③但留此偈，与人诵持。依此偈修，免堕恶道④。依此偈修，有大利益。’令门人炷香礼敬，尽诵此偈，即得见性。门人诵偈，皆叹：‘善哉’⑤。”

注释

①宿业障重：宿业，指前世的善恶因缘。佛教相信众生有三世因果，认为过去世所作的善恶业因，可以产生今生的苦乐果报。障，是烦恼的别名，因为烦恼能障碍圣道。宿业障重，即是指过去世所做的恶业烦恼太为深重。

②五更：古人把一夜分为五个时辰，夜里的每个时辰被称为“更”。一夜即“五更”，每“更”为如今的两个小时。一更在戌时，是19点至21点，叫做黄昏；二更在亥时，是21点至23点，叫做人定；三更在子时，是23点到次日凌晨1点，叫做夜半，下文的“三鼓”指的就是三更；四更在丑时，是1点至3点，叫做鸡鸣；五更在寅时，是3点至5点，叫做平旦。这里是特指第五更，即直到清晨3至5点，夜日交替之时。

③经云：“凡所有相，皆是虚妄。”“经”为《能断金刚般若波罗蜜经》，原文为：“佛告须菩提：‘凡所有相，皆是虚妄。若见诸相非相，则见如来。’”相，相对于性质、本体等言，指诸法

之形像状态。虚为虚假，妄为非真。这句话的意思是说一切表现于外而能被人们想象于心的各种事物的相状都是虚妄不真实的。

④恶道：佛教讲六道轮回，六道又分为“三善道”与“三恶道”。其中，阿修罗、人间、天上是“三善道”，是因为生前修为善业，死后所去的地方。而与之相反，地狱、恶鬼、畜生是“三恶道”，又称“三恶趣”，是由于生前造作恶业，死后堕入的地方。

⑤善哉：赞美之词，表示夸奖，有契合我意的意思。此外，在佛教中，这个词也可以表示不满，有时做了罪过的事也说“善哉”。

译文

“神秀写完这首偈颂，便回到了自己的寮房，寺院中所有的人都不知道这件事。神秀反复地思虑着：弘忍大师倘若明天看到这首偈子很高兴，那就证明我与佛法有缘。如果大师说这首偈子不行，那一定是我执迷不悟，往昔的业障太深重，所以不能得到大师心法的传承。弘忍大师的圣意真是太难揣测了！神秀在房中反复思考着，坐卧不安，不知不觉到了五更时分。

“而另一方面，弘忍大师其实早就知道神秀还没有真正得道，没有悟见自己的清净本性。第二天一早，弘忍大师就派人把供奉卢珍请来，并亲自带他到南面走廊，准备请他在廊壁画上《楞伽经变相》和《五祖血脉图》，忽然看到了神秀留在壁上的这首偈颂。读罢，他便对卢珍说：‘不用麻烦供奉在廊壁上作画了，您从那么远的地方赶来，真是辛苦了。《金刚经》有言：‘我们在世间看到的一切现象，都是虚妄不实的。’就留下这首偈颂，供大家持诵。依照这首偈颂进行修持，可以避免堕入三恶道。依照这首偈颂进行修持，对你们有很大的利益和功德。’弘忍大师令门下弟子燃香礼敬，让大家一定要反复诵读修持这首偈颂，只有这样才能照见本性。于是，大家都在诵读这首偈颂，并感叹道：‘这真是一首好偈颂啊！’”

经文

“祖三更唤秀入堂，问曰：‘偈是汝作否？’

“秀言：‘实是秀作。不敢妄求祖位，望和尚慈悲[1]，看弟子有少智慧否？’

“祖曰：‘汝作此偈，未见本性，只到门外，未入门内。如此见解，觅无上菩提，了不可得。无上菩提，须得言下、识自本心，见自本性。不生不灭，于一切时中，念念[2]自见，万法无滞，一真一切真[3]，万境自如如[4]。如如之心，即是真实。若如是见，即是无上菩提之自性也。汝且去，一两日思惟，更作一偈，将来吾看。汝偈若入得门，付汝衣法。’

“神秀作礼而出。又经数日，作偈不成，心中恍惚，神思不安，犹如梦中，行坐不乐。”

注释

①慈悲：愿给一切众生安乐叫做慈；愿拔一切众生痛苦叫做悲。在中国佛教中，大慈大悲的观世音菩萨，即是慈悲的象征。

②念念：在佛教中，“念”是梵语“刹那”的意译，指一动心念的短暂时间，念念，犹言刹那、刹那。指极短的时间，起灭连续不断的意念。

③一真一切真：一真，指绝对的真理，华严宗有所谓“一真法界”，天台宗有所谓“诸法实相”，都是不离自性，站在真如的立场上来谈的。一切法的不虚妄性和不变异性即是真如，故言“一真一切真”。

④如如：第一个“如”是如同、好像的意思，第二“如”指

真如。如如，就是如于真如，指不动、寂默、平等不二、不起颠倒分别的自性境界，真实不变，不生不灭，圆融无碍的实相。

译文

“这天晚上三更时分，弘忍大师将神秀唤进堂上，问他说：‘廊壁的那首偈颂是你作的吗？’

“神秀说：‘那确实是弟子所作。写这首偈颂并非是想妄求禅门祖位。还望大师慈悲开示，不知从这首偈颂，您觉得弟子是否有少许的智慧？’

“弘忍大师说：‘你作的这首偈颂，尚没有真正体悟真如清净本性。从你体悟禅境的深浅来衡量，你只能算是到了门外，还没有进入到门内。如果按照你的思路见解下去，那么，要觅得无上菩提智慧，是不可能的。你要记住，无上菩提智慧，必须在当下认识你的清净本心，体悟你的真如本性。一切众生的菩提本心真如本性都是不生不灭的，超越一切而又涵盖一切的，在每一时每一念中都可以时时刻刻自我呈现出来。由真如本性所呈现出来的世间万法，也是圆融通达，无所滞碍的。正是因为事物之本性真实不虚，故由此而呈现出来的世间万法也是真实不虚的。这如如不变的本心佛性，才是真实不虚的。如果你能有如此的见解，那么你就体悟到无上智慧的菩提本心真如自性了。你先回去吧，给你一两天的时间思考，再另外作一首偈子，拿来给我看。如果你这回作的偈颂表明你真正入了门，真正体悟到了佛法真意，那我就把这衣钵心法传授于你。’

“神秀听了大师的开示后，行礼离开。又过了好几天，却始终没有作出新的偈颂，他心中焦虑恍惚，深思不安，就好像在梦境中一般，无论行也好，坐也罢都感到闷闷不乐。”

经文

“复两日，有一童子[①]，于碓坊过，唱诵其偈。惠能一闻，便知此偈未见本性。虽未蒙教授，早识大意。遂问童子曰：‘诵者何偈?’

“童子曰：‘尔这獦獠不知，大师言：‘世人生死事大。’欲得传付衣法。令门人作偈来看，若悟大意，即付衣法，为第六祖。神秀上座于南廊壁上，书无相偈。大师令人皆诵，依此偈修，免堕恶道；依此偈修，有大利益。’

“惠能曰：‘（一本有‘我亦要诵此，结来生缘’。）上人[②]，我此踏碓八个余月，未曾行到堂前。望上人引至偈前礼拜。’”

注释

①童子：指八岁以上，未满二十岁，且尚未剃发得度的男子，称为童子、童儿或童真。

②上人：指持戒严格并精于佛学的僧侣。《释氏要览》云：“智德，外有德行，在人之上，名上人。”此处的上人是惠能对童子的尊称。

译文

“又过了两天，有一个童子，从舂米房门前经过，边走边唱诵神秀的那首偈颂。惠能一听，便知道作这首偈颂的人还没有体悟到真如本性。虽然没有得到师长的专门指导，但是早已明白这首偈颂想要表达的意思。于是，他问唱诵的童子：‘你诵读的这是什么偈颂啊?’

“童子回答说：‘你这蛮夷就有所不知了吧，五祖弘忍大师对门人说：‘世间众人向来将人的出生和死亡视为一件大事。’现在，大师想传授禅门衣钵与心法，令他的门人作一首偈颂呈给他看。如果谁作的偈颂真正体悟到了佛法真意，大师便将衣钵与禅门教法交付于他，他就将成为禅门第六代祖师。神秀上座在南面走廊的墙壁上，写了这首无相偈。大师看完后，令我们所有门人都要持诵，还说，只要依照这首偈颂修行体悟，就可以避免堕入三恶道；只要依照这首偈颂修行体悟，一定会有大利益和大福报的！'

"惠能听后说：'我也要持诵这首偈颂，为来世学佛结下法缘。上人啊，我在这里踏碓舂米已经有八个多月了，从来没有走到堂前过。还希望上人能够把我引导至这首偈颂前，让惠能能够礼拜它。'"

经文

"童子引至偈前礼拜。惠能曰：'惠能不识字，请上人为读。'

时，有江州[①]别驾[②]，姓张名日用，便高声读。惠能闻已，遂言：'亦有一偈，望别驾为书。'

别驾言：'汝亦作偈，其事希有。'

惠能向别驾言：'欲学无上菩提，不得轻于初学。下下人有上上智，上上人有没意智[③]。若轻人，即有无量[④]无边罪。'

别驾言：'汝但诵偈，吾为汝书。汝若得法，先须度吾，勿忘此言。'

惠能偈曰：

'菩提本无树，明镜亦非台；
本来无一物，何处惹尘埃。'

书此偈已，徒众总惊，无不嗟讶，各相谓言：'奇哉！不得以貌取人。何得多时，使他肉身菩萨[⑤]。'

祖见众人惊怪，恐人损害，遂将鞋擦了偈，曰：‘亦未见性！’众以为然。”

注释

①江州：今江西省九江市。

②别驾：官名，全称为别驾从事史，亦称别驾从事。汉代设置，为州刺史的佐吏。因其地位较高，刺史出巡辖境时，令其别乘驿车随行，故名别驾。

③没意智：没，无之意；意智，思量之意。没意智是指没有思量分别等作用的智慧。这是上上之人所特有的智慧。而我们平常所说的凡夫之子或有中上之资的人，乃至一般所谓有才智的人，即使有所谓“黠慧之智、天纵之资”，都是思量、分别的作用，这种纷繁的思想，在禅宗中被视为大碍。

④无量：古代印度计算极大数目的名称。多大至不可以计量。《摄大乘注释》卷八云：“不可以比类得知为无量。”

⑤肉身菩萨：又称生身菩萨。父母所生血肉之躯，称为“肉身”。用父母所生之肉身证得菩萨境界，具足大智慧、大悲心，称之为“肉身菩萨”。

译文

“于是，童子将惠能引导至南廊下神秀的偈颂前礼拜。惠能说：‘惠能不识字，可否麻烦上人为惠能诵读？’

“刚好这时，有一位江州刺史的侍从官，姓张名日用，就高声朗读了一遍这首偈颂。惠能听完后，对他说：‘惠能也想到一首偈颂，还希望别驾您能代我书写下来。’

“张日用说：‘你也会作偈颂？这事听起来还真是稀罕。’

“惠能对张日用说：‘要想学到无上菩提智慧，万不可轻视初学佛法的人啊。即使是最下等的人中，也可能有拥有最上等智慧

的人；而即便是最上等的人中，也可能有愚笨没有智慧的人啊。如果看轻别人，那可是无边无量的大罪过啊。’

“张日用听后，不禁说道：‘那你尽管诵读偈颂，我来替你书写下来。如若你真的体悟到佛法真理，得到弘忍大师传法，记得要先来度我。千万不要忘了这番话啊。’

“于是，惠能作偈说：‘菩提觉性本来就不应该执著于树木的色相，清净的本心也不该执著于台面的形相。本源自净的心体之上原本就是清清静静无一物可以觅得的，又哪里会沾染上尘埃污垢呢？’

“偈颂写到这里，在场的众多门徒们都惊讶不已，相互议论着说：‘真是奇妙啊！看来确实不能以貌取人啊！什么时候他竟成了一位肉身菩萨？’

“弘忍大师看到大家大惊小怪的样子，唯恐有人会起恶念加害惠能，就赶紧用鞋子把惠能的偈颂擦掉，说：‘这首偈颂也没有真正体悟本心真性！’众人听弘忍大师这么一说，也都认为是这样子了。”

经文

“次日，祖潜至碓坊，见能腰石舂米[①]。语曰：‘求道之人，为法忘躯，当如是乎！’乃问曰：‘米熟也未？’

惠能曰：‘米熟久矣，犹欠筛[②]在。’

祖以杖击碓三下而去。惠能即会祖意，三鼓入室。祖以袈裟[③]遮围，不令人见，为说《金刚经》。至‘应无所住而生其心’[④]，惠能言下大悟：一切万法，不离自性！遂启祖言：‘何期自性本自清净！何期自性本不生灭！何期自性本自具足！何期自性本无动摇！何期自性能生万法！’

祖知悟本性，谓惠能曰：‘不识本心，学法无益。若识自本心，见自本性，即名丈夫⑤、天人师⑥、佛。’

“三更受法，人尽不知，便传顿教⑦及衣钵⑧云：‘汝为第六代祖，善自护念，广度有情⑨，流布将来，无令断绝。听吾偈。曰：

‘有情来下种，因地果还生；
无情⑩既无种，无性亦无生。’”

注释

①舂（chōng）米：舂米就是把打下的谷子去壳的过程，舂出来的壳就是米糠，剩下的米粒就是我们吃的白米，舂米的工具有点像捣药罐，有一个棒槌、一个盛器。用棒槌砸谷子，把米糠砸掉。

②筛：是指用竹子或金属等做成的一种有孔的器具，可以把细东西漏下去，粗的留下，称为“筛子”。这里的筛是动词，指用筛滤物。文中惠能暗示自己已经思虑成熟，就差弘忍大师点拨开悟了。

③袈裟：梵语 Kasaya 的音译，意为不正色，意指僧侣的法衣。法衣的用色要避开五正色（青黄赤白黑）和五间色（绯红紫绿碧），故称不正色。因其色浊，也称“淄衣”“染衣”等。又因袈裟是用小片连缀而成，呈长方形。其制分五条、七条和九条三种。而用其他之杂色染之。因其形状为许多长方形割截的小布块缝合而成，有如田畔，故又名割截衣或田相衣，亦称福田衣。有大中小三件，大者名僧伽梨又名九条大衣，中者名郁多罗又名七条衣，小者名安陀会又名五条衣。

④“应无所住而生其心”：《金刚经》云：“诸菩萨、摩诃萨

应如是生清净心，不应住色生心，不应住声、香、味、触、法生心，应无所住而生其心。”意思是说众生心识，本无所执著。因触及外境来触，遂生其心。迷人不知外境其实是虚幻，而将世法视为真实不虚，便执著于境。就好比猴子捞月、病眼见花一般。其实一切万法，都从心生，若悟得了事物的本性，就不会执著。心能无所执著，才能随运自然地认识到真如本性，消除一切牵绊与烦恼。

⑤丈夫：佛教中称勇健之人为丈夫，指勇进正道修行不退者。在此，也指调御丈夫，佛的十号之一。因为佛能调御一切可度的丈夫，使他们发心修道，故称调御丈夫（其中，佛虽然也度化女人，但如今从尊而唯谓为丈夫）。

⑥天人师：佛的十大名号之一。因天与人均以佛为师，故称天人师。《智度论》云：“佛示导是应作是不应作，是善是不善，是人依教行，不舍道法，得烦恼解脱报，是名天人师。”

⑦顿教：指不依次第，快速到达觉悟的教法，又作大乘顿教。特指禅宗不立文字，只辨真性，不设断惑证理的阶位，是顿修顿悟之教。

⑧衣钵：衣指袈裟，钵是出家人用来盛施主供养食物的应器。衣与钵二者是出家人资物中最重要的法物，并可作师承的信证，衣钵的授受即代表着心法的传受。

⑨有情：梵语音译为萨埵，旧意译为众生，新意译为有情。有情指有情识者，有爱情者，总名动物。

⑩无情：指没有情识活动的矿植物，如山河大地及草木等。

译文

“第二天，弘忍大师悄悄潜行到了碓坊，看到惠能腰间绑着一块大石头，正在费力地舂米，禁不住说：‘求佛道的人，为了佛法忘却自己的身体，正是应该像这样啊！’于是问他：‘米熟

了没？’

“惠能答道：‘米已经熟了很久了，只差筛滤一下了。’

“弘忍大师用禅杖在磨石上敲打了三下后离开了。惠能立刻领会了大师的深意，在夜半三更的时候，来到了大师的房间。只见弘忍大师用袈裟把四周门窗全部遮蔽起来，不让他人看到，然后为惠能开始讲解《金刚经》。当大师讲到‘应无所住而生其心’一句时，惠能当下大彻大悟了：其实世间一切万法，都离不开清净自性。于是他禀告弘忍大师说：‘真想不到一切众生的本性原本就是清净的！真想不到一切众生的本性原本就是不生不灭的！真想不到一切众生的本性原本就是圆满具足的！真想不到一切众生的本性原本就不会动摇的！真想不到一切众生的本性可以产生出无穷无尽的世间万法啊！’

“弘忍大师听了惠能这番话，便知道他已经真正得道，体悟到自己的真如本性了，便接着开示他说：‘如果不能认识到清净本心，那么学任何佛法都是徒劳无益的。如果真正认识到自己的清净本心，那么就可以真正体悟到真如本性，那么就可以被称为大丈夫、天人师及佛。’

“弘忍夜半三更向惠能传法，大家都不知道这件事。于是，大师便将禅门顿教心法与衣钵传给惠能，并说：‘你是禅宗第六代祖师，请你自己好好保重，竭力护持禅门宗脉，普度天下有情众生，将禅宗教法发扬光大，流传后世，万不可使它中断或者绝灭啊！请听好我的这首偈颂：在有情众生的八识心田中，种下可以成佛的种子，因地上既然已经埋下了成佛的种，只要机缘成熟，自然会结出成佛的果。而对于那些无情的草木来说，则无所谓下种，因为它们本无自性，也就无所生了啊。’”

经文

“祖复曰：‘昔达磨大师①初来此土，人未之信，故传此衣以为信体，代代相承。法则以心传心②，皆令自悟自解。自古佛佛惟传本体，师师密付本心。衣为争端，止汝勿传。若传此衣，命如悬丝。汝须速去，恐人害汝。’

“惠能启曰：‘向甚处去？’

“祖云：‘逢怀③则止，遇会④则藏。’

“惠能三更领得衣钵，云：‘能本是南中⑤人，素不知此山路，如何出得江口？’

“五祖言：‘汝不须忧，吾自送汝。’

“祖相送直至九江驿⑥，祖令上船，五祖把橹自摇。

“惠能言：‘请和尚坐，弟子合摇橹。’

“祖云：‘合是吾渡汝。’

“惠能云：‘迷时师度，悟了自度。度名虽一，用处不同。惠能生在边方，语音不正，蒙师传法，今已得悟，只合自性自度。’

“祖云：‘如是，如是！以后佛法，由汝大行。汝去三年，吾方逝世⑦。汝今好去，努力向南，不宜速说，佛法难起。’

“惠能辞违祖已，发足南行。两月中间至大庾岭⑧。五祖归，数日不上堂。众疑，诣问曰：‘和尚少病少恼否？’曰：‘病即无，衣法已南矣。’问：‘谁人传授？’曰：‘能者得之。’众乃知焉。”

注释

①达磨大师：南天竺（印度）人，生卒年月不详，婆罗门种姓，相传为中国禅宗的始祖，西天第二十八祖。相传他于中国南朝梁武帝时期航海到广州。梁武帝信佛，达磨到南朝都城建业

（今南京市）会见梁武帝，结果因为话不投机，遂一苇渡江，北上北魏都城洛阳。后选定嵩山少林寺，面壁九年，传衣钵于慧可。传说他而后出禹门游化终身。

②以心传心：禅家常用语，指离开语言文字而以慧心传于心也。

③怀：谶语，实指怀集县，在今广州梧州。

④会：谶语，实指四会县，在今广东新会。

⑤南中：历史上的南中地区主要指今天的云南、贵州和四川西南部。在这里泛指南方地区。

⑥九江驿：历史上的九江驿指江西省九江市。但是众所周知，五祖寺位于今湖北省黄梅县，倘若这里的九江驿果真在江西，两者的地理位置相隔甚远，以当时的交通条件想要连夜赶到的话，绝非易事。因此，经过学者考证，这里的九江驿应当就是黄梅县境内的一个驿站。

⑧大庾岭：亦称庾岭、台岭、梅岭、东峤山，中国南部山脉，"五岭"之一，位江西与广东两省边境，为南岭的组成部分。

译文

"弘忍大师又说：'昔日禅门初祖达磨大师刚到达东土的时候，大家都不相信他的说法，所以传下这件袈裟作为信物的体证，一代一代传承下来。禅宗顿教法门讲求以心传心，靠的是你自己的觉悟和解脱。自古以来，诸佛所传之法都是告诉众生法界的真理实相，以真谛为根本；代代祖师相传下来的也是密付教法，识见不生不灭的清净本心。但是这衣钵实在是争夺的祸端，就传到你这里为止吧！如果再继续往下传这衣钵，恐怕你的性命也会犹若悬丝般危险。你必须赶紧离开这里，我恐怕会有人加害于你啊！'

"惠能问道：'那弟子应该去什么地方呢？'

“弘仁大师说：‘你到了带怀字的地方就停下来（其实是暗示广西的怀集），遇见带会字的地方就隐藏起来（其实是暗示广东四会）。’

“惠能在夜半三更，得到弘忍大师的传法并得禅门衣钵，说：‘惠能我原本是广东岭南人，平日里并不知道这山路该怎么走，这让我如何走出山到达江口呢？’

“弘忍大师说：‘你不必为此担忧，我亲自送你离开。’

“弘忍大师将惠能一直送到了九江驿站，让惠能上船，弘忍大师拿起橹来亲自摇行。

“惠能说：‘师父您快请坐，应该是由弟子来摇橹。’

“弘忍说：‘应该是我来渡你到彼岸去才对。’

“惠能说：‘弟子迷悟之时应该是师父来度化我，如今我觉悟了自性，就应该自己度化自己。同样是度，名字一样，但是师父度我和我自己度自己，用处却不一样。惠能生在南方边远的地方，语言发音都不准确，却能蒙受师父不弃，传授禅门心法给我，如今我已经得道开悟了，理应用自己的真如本心自己度化自己了。’

“弘忍大师说：‘正是如此，正是如此啊！以后禅门佛法，就靠你来弘化四方，发扬光大了！你离开三年后，我才会离开人世。你如今好生保重，努力向南方去吧！要暂且韬光养晦，不适宜马上向人们说法，佛法要兴起太难了，还需要一段时间啊！’

“惠能拜别了弘忍大师，便拼命向南方行进。走了两个月，来到了大庾岭。而另一方面，弘忍大师返回寺中，一连几日都不到禅堂。大家都很疑惑，便问道：‘大师是不是有什么不适啊？’弘忍大师回应说：‘我没有生病。禅门衣钵与顿教心法已经传向南方了。’大家又问道：‘谁在南方传法呢？’弘忍回答说：‘那个可以传法的人在传法。（其实能，也就是指惠能，这里就是暗示是惠能在传法。)’于是，大家都明白大师将衣钵心法已经传授给惠能了。”

经文

“逐后数百人来，欲夺衣钵。一僧俗姓陈，名惠明[1]。先是四品将军[2]，性行麁慥[3]，极意参寻，为众人先，趁及[4]惠能。

“惠能掷下衣钵于石上，云：‘此衣表信，可力争耶？’能隐草莽中。

“惠明至，提掇不动，乃唤云：‘行者！行者！我为法来，不为衣来。’

“惠能遂出，坐盘石上。惠明作礼，云：‘望行者为我说法。’

“惠能云：‘汝既为法而来，可屏息诸缘，勿生一念，吾为汝说明。’

“良久，惠能云：‘不思善，不思恶，正与么时[5]，那个是明上座本来面目[6]。’

“惠明言下大悟，复问云：‘上来密语密意外，还更有密意否？’

“惠能云：‘与汝说者，即非密也。汝若返照，密在汝边！’

“明曰：‘惠明虽在黄梅，实未省自己面目。今蒙指示，如人饮水，冷暖自知。今行者即惠明师也。’

“惠能曰：‘汝若如是，吾与汝同师黄梅，善自护持。’

“明又问：‘惠明今后向甚处去？’

“惠能曰：‘逢袁[7]则止，遇蒙[8]则居。’

“明礼辞。（明回至岭下，谓趁众曰：‘向陟崔嵬[9]，竟无踪迹，当别道寻之。’趁众咸以为然。惠明后改道明，避师上字。）”

注释

①惠明：生卒年不详。江西鄱阳人，俗姓陈，为陈宣帝之孙。曾受四品将军之爵。幼年于永昌寺出家，在唐高宗的时候，曾投师于弘忍大师，一开始并无证悟，直到因觅迹追寻五祖衣钵，在大庾岭承六祖惠能的开示，彻悟本源，其后为了避讳惠能之惠，而改名道明，并拜留六祖座下三年。其后居于袁州蒙山，聚徒习禅，宣传惠能的思想。

②四品将军：品，表示官的阶位。旧官制中从一品至九品，分别用来表示官位的高卑。将军，在古代没有专门的官职，是领兵之将领的通称。

③麁慥：通“粗糙”。

④趁及：从后面追赶上。

⑤正与么时：正在这个时候。

⑥本来面目：指不加饰伪的真相，即自己的自性，离开了一切的烦恼和染污，就是自己的本来面目。

⑦袁：谶语，实指袁州，在今江西宜春。

⑧蒙：谶语，实指蒙山，在今江西上高。

⑨向陟崔嵬：向，就是往；陟，指陡峭的山；崔嵬，指有岩石，高而不平的土山。

译文

“随后有几百人追来，想抢夺惠能的衣钵。有一个僧人，俗家姓陈，名惠明。原本是四品的将军，性格行为比较粗鲁。他出家后，极力参寻佛法，抢在众人之前，赶上了惠能。

“惠能把衣钵扔在石头上，说：‘这件袈裟是表征明心见性的禅门信物，岂是可以用武力抢夺走的！’说完，惠能隐藏到草丛之中了。

“惠明赶到这里，去拿放在石头上的袈裟，却怎么也提不起来，于是大声呼唤道：‘行者！行者！我是为了求得佛法而来，不是为了抢夺衣钵而来啊！’

“于是，惠能从草丛中出来，盘腿坐在岩石上。惠明向惠能行礼，说：‘希望行者能为我开示佛法。’

惠能说：‘你既然是为了求得佛法而来，现在请放下一切外缘，止息一切想法，不要有一丝杂念，我来为你讲说佛法。’

“过了很久，惠能开示道：‘不要起善念，不要起恶念，就是这个时候，这才是你惠明上座的本来面目！’

“听完这番话，惠明豁然开悟，又问道：‘除了刚才您所说的密语、密意外，还有没有更深的密意呢?’

“惠能说：‘和你说出来的，就不是什么秘密。你如果可以反观本心，那么密语密意就在你自己身上！’

“惠明说：‘惠明虽然在黄梅五祖身边求法很久了，但实在没有真正认识到自己的清净本心真如本性。今天蒙您指导开示，就好像人喝水一样，水是冷的还是暖的，只有自己的感受最为真切。从今往后，您就是惠明的师父啊！’

“惠能说：‘如果真的像你说的那个样子，我和你就一同尊奉黄梅弘忍大师为师，好好地护持佛法。’

“惠明又问：‘那惠明今后又应该到什么地方去呢?’

“惠能答道：‘你碰到带‘袁’字的地方就可以停下来（其实是暗示江西的袁州），遇到带‘蒙’字的地方就可以居住下来（其实是暗示江西的蒙山）。’

“听完了惠能的开示，惠明礼敬后辞别而去。回到岭下后，对那些跟着追来的人说：‘我追到山顶时，山很陡峭，又有很多岩石，竟然没有一点惠能的影踪，看来他不是走的这条路，大家应当从另外的道路寻找他。’这些追来的人相信了惠明的话，都以为是这样。惠明后来改名为道明，为的是避讳惠能名中的‘惠’字。”

经文

“惠能后至曹溪[①]，又被恶人寻逐，乃于四会[②]避难猎人队中，凡经一十五载。时与猎人随宜说法。猎人常令守网，每见生命，尽放之。每至饭时，以菜寄煮肉锅。或问，则对曰：‘但吃肉边菜。’

一日思惟，时当弘法，不可终遯[③]。遂出，至广州法性寺[④]。值印宗法师[⑤]讲《涅槃经》[⑥]。时有风吹旛动。一僧曰：‘风动’，一僧曰：‘旛动’，议论不已。惠能进曰：‘不是风动，不是旛动，仁者[⑦]心动。’一众骇然。”

注释

①曹溪：曹溪本是位于韶州（今广东曲江县东南）的一条河流，发源于狗耳岭，西流与溱水合，因为经过曹侯冢，所以又称曹侯溪。梁天监元年（502），天竺婆罗门三藏智药到曹溪口，“饮其水而知此源为胜地”，于是劝村里人建寺院，又因为这里酷似宝林山，故称宝林寺。相传，智药大师曾预言，170 年后将有肉身菩萨在此开演无上法门。而文中所讲，唐仪凤二年（677）春，惠能从弘忍得法后，即从印宗剃发、受具足戒归宝林寺，人称曹溪法门。

②四会：唐代时，四会、化蒙等三县地置南绥州，并复置新招、化注（原称乐成）、化穆（原称化成）三县，同隶于州。

③遯（dùn）：通“遁”，逃也。

④法性寺：位于广州西北部，又叫做制旨寺、制止道场。如今称为光孝寺。东晋时，僧伽罽宾始造立寺宇，号王园寺。南朝时，真谛和尚在此驻锡，翻译经典，曾经是翻译经典著名的道场。唐贞观年间，称为干明法性寺。北宋初，称为干明禅院。元代铸造斋僧大镬。明代作为“僧禄所”，敕赐“大藏经”。成化八年（1472），敕赐“光孝禅寺”之匾额。清代遭兵毁而废颓，而后重建。

⑤印宗法师（627—713）：唐代僧人。吴郡（江苏吴县）人，曾前往蕲春参拜过弘忍大师。后于广州法性寺宣讲《涅槃经》时，遇到惠能大师，始得开悟，以惠能为传法师。他采集自梁至唐诸方贤达者的言论，著成《心要集》。

⑥《涅槃经》：又称《大般涅槃经》或《大本涅槃经》，是宣说如来常住性相、涅槃常乐我净、众生悉有佛性乃至阐提成佛等教义的经典。东晋高僧法显于义熙十三年（公元417年）与梵僧佛陀跋陀罗共译的六卷本《大般泥洹经》。今所流通的汉译本是北凉玄始十年（421年）天竺三藏法师昙无谶以沮渠蒙逊之请，在姑藏（今甘肃武威）译出的《大般涅槃经》，共有四十卷，分为一十七品，被称为北本《涅槃》。此经于元嘉七年（公元430年）由凉地传到江南以后，刘宋名僧慧严、慧观等因文言质朴而品数疏简，遂共谢灵运加以修治，并依法显译六卷本《泥洹经》增加品目，改为二十五品，三十六卷，被称为南本《涅槃》。

⑦仁者：指具有大智慧，人格魅力，善良的人，这里是赞美之词，对人的尊称。

译文

“惠能后来到了广东曹溪一带，又被恶人寻找追赶，不得已只能在四会这个地方，混迹于猎人的队伍中避难，这一待就是十五年。在这段时间，我常常根据不同的状况，向猎人们适时适机地讲说佛法。猎人经常让我看守捕捉猎物的网，每当看到有生命落入网中，惠能总是把它们全部放生。每到吃饭的时候，惠能就把青菜放到肉锅中煮一下。如果有人问起来，惠能则说：‘我吃肉旁边的青菜。’

“有一天，惠能思考：我是时候出来弘扬佛法了，不能一直这样隐遁下去啊。于是，离开四会，来到了广州法性寺。这时正好赶上印宗法师在讲解《涅槃经》。此时，有一阵风吹动旌旗飘动。一个僧人说：‘是风在动。’另一个僧人说：‘是幡在动。’争论不休。惠能走上前去，说：‘其实不是风动，也不是幡动，是你们两位的心在动啊！’在场的僧人听了惠能的话，都很惊讶。”

经文

“印宗延至上席①，征诘奥义。见惠能言简理当，不由文字②。宗云：‘行者定非常人。久闻黄梅衣法南来，莫是行者否？’

“惠能曰：‘不敢’。宗于是作礼，告请传来衣钵出示大众。

“宗复问曰：‘黄梅付嘱，如何指授？’

“惠能曰：‘指授即无，惟论见性，不论禅定③解脱。’

“宗曰：‘何不论禅定解脱？’

“能曰：‘为是二法，不是佛法，佛法是不二④之法。’

“宗又问：‘如何是佛法不二之法？’

“惠能曰：‘法师讲《涅槃经》，明佛性，是佛法不二之法。如高贵德王菩萨⑤白佛言：‘犯四重禁⑥，作五逆罪⑦，及一阐提⑧等，当断善根佛性否？’佛言：‘善根有二，一者常，二者无常。佛性非常非无常，是故不断，名为不二。一者善，二者不善，佛性非善非不善，是名不二。蕴之与界⑨，凡夫见二，智者了达其性无二。无二之性即是佛性。’’

“印宗闻说，欢喜合掌[10]，言：‘某甲讲经，犹如瓦砾。仁者论义，犹如真金。’于是为惠能剃发[11]，愿事为师。惠能遂于菩提树下，开东山法门。”

注释

①上席：指受尊敬的席位。

②不由文字：指不依赖、拘泥于文字来表诠禅宗义理。

③禅定：禅，又叫做禅那，意译为静虑，外不著相，不执著一切境界相为禅。定，为梵语三昧的意译，指心定止于一境而不离散，内不动心。禅定是一种止观不二、定慧不二的境界，是禅修的一种方法，其目的是要净化心理、锻炼智慧，以进入诸法真相的境界。

④不二：又作无二、离两边。指对一切现象无分别，或超越各种区别，达到一种超二元对立的境界。

⑤高贵德王菩萨：具名光明遍照高贵德王菩萨。《涅槃经》二十一卷中，高贵德王菩萨品中佛对之说修行《涅槃经》十种之功德。《涅槃经疏》十九曰：“光明遍照，论外化广。高贵德王，辨内行深。”

⑥四重禁：指比丘极严重之四种禁制。全称四重禁戒，略作四重，又作四重罪、四波罗夷罪。即：（1）杀生。（2）偷盗。（3）邪淫，指与人或畜牲行淫事之不净行。（4）妄语，即伪言体证上人法。上述为戒律所禁之四种根本重罪。

⑦五逆罪：逆者，违悖天理也。五逆罪指五种极逆于理的罪恶，将招致堕无间地狱报应的恶业大罪，又名无间业。即杀父、杀母、杀阿罗汉、出佛身之血、破和合之僧。

⑧一阐提：意译为言信不具。一阐提人拨无因果，颠倒邪见，不信现在未来业报，不亲善友知识，不听诸佛所说教诫，当堕地狱，无有出期。指那些断绝一切善根，没有成佛之性者。

⑨蕴之与界：指五蕴十八界。蕴是积集的意思，五蕴就是色蕴、受蕴、想蕴、行蕴、识蕴。色就是一般所说的物质，变碍为义，是地、水、火、风四大种所造；受就是感受，领纳为义，其中包括苦、乐、舍三受；想就是想象，于善恶憎爱等境界中，取种种相，作种种想；行就是行为或造作，由意念而行动去造作种种的善恶业；识就是了别的意思，由识去辨别所缘所对的境界。在此五蕴中，前一种属于物质，后四种属于精神，乃是构成人身的五种要素。界，即界限，隔别之义。谓十八界，本义是说它们各有别体，不相混滥。十八界是眼、耳、鼻、舌、身、意之六根，色、声、香、味、触、法之六尘，眼识、耳识、鼻识、舌识、身识、意识之六识的合称。其中根对尘，中间发识以了别境界。每一根的根境识，必须同时具备，才会发生效用。

⑩合掌：又名合十，即对合左右双掌及十指，以表示自心专一不敢散乱的一种敬礼。本来为印度自古所行之礼法，佛教沿用之。印度人认为右手为神圣之手，左手为不净之手，故有分别使用两手之习惯；然若两手合而为一，则为人类神圣面与不净面之合一，以此来表现人类最真实的面目。

⑪剃发：剃掉须发，是佛弟子出家之相，也是表明去除骄慢，以示与外道的出家有别。

译文

“印宗法师把惠能请到上席入座，向他询问佛法的深奥义理。只见惠能的回答简单明了，思路清晰，说理恰当，不拘泥于文字。印宗法师说：‘行者，你一定不是寻常普通人。我很早就听说黄梅禅门衣钵心法的传人来到南方了，莫非就是行者？’

“惠能说：‘不敢当。’印宗法师马上向惠能行礼，并请惠能把弘忍大师传给的衣钵袈裟拿出来展示给大家看。

“印宗法师又问：‘五祖弘忍大师所传的禅门衣钵教法，究竟

是怎么样的呢？'

"惠能说：'没有什么特别的指导和教授，只教我们体悟自己的清净本心真如自性。而不是谈如何通过坐禅求得解脱。'

"印宗法师问：'为何不谈论通过坐禅求得解脱呢？'

"惠能说：'因为通过禅定求得解脱是有对立、有分别心的二元法，不是真正的佛法。真正的佛法是超越对立，超越分别的不二法门。'

"印宗法师又问：'怎么才是佛教的不二法门呢？'

"惠能说：'法师刚才所讲的《涅槃经》，正是明示了众生的真如佛性，这就是佛教的不二法门。就譬如佛经中有一位高贵德王菩萨问佛祖说：'那些犯了四重禁（指淫、盗、杀人、大妄语四种佛门根本戒），作了五逆罪（指杀父、杀母、杀阿罗汉、破和合僧及出佛身血这五逆罪），以及一阐提人（指不信因果、断了善根的人），是不是就断了善根佛性了呢？'佛祖回答说：'善根有两种，一种是恒常不变的，一种是无常的，不能确定的。佛性既不是恒常不变的，也不是不能琢磨、转瞬即逝的，这就是佛教的不二法门。世间万相有善与不善的差别，佛性既不是善，也不是不善，这就是佛教的不二法门。五蕴十八界，在凡夫俗子看来，总有分别，但是真正的智者能够通达它们的本性，能够知道它们是没有分别的。这种扫除一切外相，破除了分别，没有差别的不二本性，就是佛法啊！'

"印宗法师听完惠能这番话后，心中非常欢喜，恭敬地合掌，说：'我对佛教经典的理解和解释，就像一堆碎瓦片；而您对佛法义理的阐释，却如同真金一般。'印宗法师为惠能举行了剃度仪式，愿意尊拜惠能为师父。于是惠能便在广州光孝寺的菩提树下，开讲五祖弘忍大师传授下来的禅宗顿教法门。"

经文

“惠能于东山得法，辛苦受尽，命似悬丝。今日得与使君[①]、官僚、僧尼、道俗同此一会，莫非累劫[②]之缘，亦是过去生中供养诸佛，同种善根，方始得闻如上顿教得法之因。教是先圣所传，不是惠能自智。愿闻先圣教者，各令净心，闻了各自除疑，如先代圣人无别。”一众闻法，欢喜作礼而退。

注释

①使君：汉代称呼太守刺史，汉以后称呼州郡长官，这里是对刺史韦璩的尊称。

②累劫：劫是梵语劫簸 Kalpa 的略称。意译为分别时节，指不能以通常之年月日时计算之极长时节，用来形容世事之相续迁变，故又译为大时。累劫，指累叠数多之劫量也。

译文

“惠能从黄梅弘忍大师那里得传禅门衣钵教法，受尽千辛万苦，好几次生命都如同悬浮的游丝般危在旦夕。今天能够有此机会，和韦刺史、各位官员、各位僧尼道友、各位在家信众相聚在这里，就算不是很多劫累积下来的缘分成就的，也是过去世中大家一起供养礼敬各位佛菩萨，一起种下的善根，才会有如今听闻这禅门无上的顿教法门和我得法的因缘。这顿教法门是历代先贤祖师传授下来的，不是我惠能自己的智慧。希望大家听闻这先贤祖师传授下来的顿教法门后，能够清净自心，识得自性。听闻开示之后，能够将心中对佛法的疑虑困惑解开，那么，你们就与先贤祖师没有什么区别了。”大家听了这一番开示之后，满心欢喜，恭敬地作礼之后退了出去。

般若第二

导读

般若，智慧也。“般若品”记述了惠能大师应韦璩刺史之请，为信众开示“摩诃般若波罗蜜多”法门的过程。摩诃为大，般若为智慧，波罗蜜为到彼岸，因此，本品讲述的是一种能够度化众生，到达涅槃彼岸的大智慧。那么，如何去寻找般若智慧呢？世俗之人只知道整日“口念般若，不识自性般若”，这样学佛，是没有益处的。惠能大师在本品开示：这种般若大智慧，就是世间之人本来具足的清净本心，真如本性。般若智慧本自有之，只因人的根器不同，本性被无明所蒙昧，才没有体悟到这种智慧，才会有众生与佛、愚与智、悟与不悟、顿悟与渐悟的分别，所谓“凡夫即佛，烦恼即菩提”，“不悟即佛是众生。一念悟时，众生是佛”，“法即无顿渐，迷悟有迟疾”。真如本性本来空寂，能够观照世间万物，融摄天下万法。这种本性不在外，而在内，只要我们向内用功，便可以明心见性，顿悟成佛。一切佛法皆是因人而作，一切佛法都是为了觉悟众生，“佛法在世间，不离世间觉；离世觅菩提，恰如求兔角”。只要我们体悟到了这些道理，就会心中顿感清明，莲花忽而绽放，觅得自性中之菩提道路了。

经文

次日，韦使君请益①。师升座，告大众曰：“总净心念‘摩诃般若波罗蜜多’②。”复云：“善知识！菩提般若之智，世人本自有之，只缘心迷，不能自悟。须假[3]大善知识，示导见性。当知愚人智人，佛性本无差别，只缘迷悟不同，所以有愚有智。吾今为说‘摩诃般若波罗蜜法’，使汝等各得智慧。志心谛听，吾为汝说。”

注释

①请益：语出《礼记·曲礼》：“请业则起，请益则起。”指请求增加，向人请教。佛教中“和尚先有所与，复请余分，谓之请益”，指已受教而再问未尽之蕴也。《百丈清规》规定，请教的人需要先禀告侍者，然后由侍者通复住持。文中指惠能大师已经对弟子说法，而后弟子继续向大师请教，请求大师再次开示。

②摩诃般若波罗蜜多：梵语，旧称摩诃般若波罗蜜。“摩诃”为大，“般若”为智慧，“波罗蜜”为到彼岸，“多”为语气词。合起来就是大智慧到彼岸，意为乘此大智慧，则能由生死苦海，渡到涅槃之彼岸。

③假：借助。

译文

第二天，韦璩刺史等人继续请惠能大师开示佛法。惠能大师登上法座，对大家说道：“请大家清净自心，念诵‘般若波罗蜜多’。”又说：“各位善知识，这成佛之菩提般若的智慧，其实世间的人都本来具足，只是因为心中无明蒙昧，而没有自己体悟出来。还需要借助诸位明眼的善知识，来开示引导世人认识到自己的清净本心、菩提本性。我们应当知道，世间所谓愚笨迷昧之人和智慧开悟之人，其实他们的佛性是没有差别的，只是因为他们有迷昧与觉悟的不同，所以才有愚笨迷昧和智慧开悟的分别。我如今为大家讲说这‘摩诃般若波罗蜜’法门，就是要使你们各自都能得到智慧。请大家专心致志地聆听，我来为大家说法。”

经文

“善知识！世人终日口念般若，不识自性般若，犹如说食不饱。口但说空，万劫[1]不得见性，终无有益。

“善知识！‘摩诃般若波罗蜜’是梵语[2]，此言‘大智慧到彼岸[3]’。此须心行[4]，不在口念。口念心不行，如幻、如化、如露、如电[5]。口念心行，则心口相应[6]。本性是佛，离性无别佛。何名‘摩诃’？摩诃是大。心量广大，犹如虚空[7]，无有边畔，亦无方圆大小，亦非青黄赤白，亦无上下长短，亦无瞋无喜，无是无非，无善无恶，无有头尾。诸佛刹土[8]，尽同虚空。世人妙性本空，无有一法可得。自性真空，亦复如是。”

注释

①万劫：如前注释，劫是梵语劫簸 Kalpa 的略称。意译为分别时节，指不能以通常之年月日时计算之极长时节，用来形容世事之相续迁变。万劫指极长久的时间。

②梵语：天竺的语言。古印度人认为自己所说的语言，由梵天禀承，与梵天相似，故印度语又称为“梵语”。

③彼岸：为梵语 Paramita 的意译，音译为“波罗蜜”。其意义为到达彼岸、终了、圆满，即自“生死迷界之此岸，而至涅槃解脱之彼岸”。指到彼岸、度无极、事究竟。彼岸是与此岸相对立的概念，“以生死为此岸，涅槃为彼岸”。《维摩诘经》卷九有云：“此岸者，生死也；彼岸者，涅槃也；中流者，结使也。”“此岸者，凡夫也；彼岸者，菩萨也；中流者，小乘也。”可知，“此岸”指的是生死界，有生有死；“彼岸”指的是涅槃界，超脱于生死之外。

④心行：心中念念不忘、即是心行。

⑤如幻、如化、如露、如电：如幻、如化为《大品般若经》

卷一中所列出摩诃般若十喻之一。“摩诃十喻”称诸法如幻、如焰、如水中月、如虚空、如响、如犍闼婆城、如梦、如影、如镜中像、如化，用以譬喻一切诸法皆非真实。其中，“西俗多工伎，以种种法现出无实之象马人物等，使人如实见闻，称之为幻，幻事虽如实见闻而非实也，故以譬一切诸法之无实”。而“神仙之通力，天龙之业力，或以禁咒禅定等变化现出种种之物名为化，此化事化物，空而无实也，以譬一切诸法之实无性。”如露、如电语出《金刚经》：“一切有为法，如梦幻泡影，如露亦如电，应作如是观。”如露、如电指世之有为，转变无常，如电光速疾也，用来譬喻存在的时间很短暂。

⑥心口相应：想的与说的相一致，相契合。

⑦虚空：虚与空都是无的别名。虚无形质，空无障碍。虚空无边际，无大小，无分别。

⑧刹土：刹是梵语“差多罗”的音译，意译为土田。刹土，也就是国土的意思。

译文

“各位善知识，世间的人每天就知道口里念着般若，去寻找般若智慧，却没有认识到自己的清净本心、菩提本性，就好比说天天说着各种食物，却没有真的吃到食物，肚子无论如何也不会饱的。如果只是口里天天说空，用这种方法去寻找般若智慧，即使历经万劫也不可能识得本性，最终是没有益处的。

“各位善知识，‘摩诃般若波罗蜜’是梵语，意思是大智慧到彼岸。这必须要从内心去实践修行，而不是只在口中称念就可以。如果只是口上这么说，心里却不去体悟行持，那么就好比是梦幻泡影，如露如电，转瞬即逝，虚而不实，到头来只是一场空。倘若口里念诵，心里也体悟行持，那么就能做到心口相契合。就能悟到人的清净本心、菩提本性即是佛性，离开自身佛性，别无成佛的可能。

“什么叫‘摩诃’？摩诃是大的意思。人的内心广大犹如虚空，没有形质与障碍，无边无际，没有方圆大小之分，没有青黄赤白这些颜色的分别，也没有上下长短的区分，没有嗔怒，没有喜悦，没有是非，没有善恶，没有开始，也没有结束，涵盖一切，融摄一切，没有分别。十方诸佛国土，都是如此，好比这无尽虚空。世间之人的本性，原本就是体空的，涵盖一切法，又没有分别，是没有一法可以觅得的。所谓真如本性本来空寂，也是这个道理啊！”

经文

“善知识！莫闻吾说空。便即著空。第一莫著空。若空心静坐，即著无记空①。

“善知识！世界②虚空，能含万物色像③。日月星宿、山河大地、泉源溪涧、草木丛林、恶人善人、恶法善法、天堂地狱④、一切大海、须弥诸山⑤，总在空中。世人性空，亦复如是。

“善知识！自性能含万法是大，万法在诸人性中。若见一切人恶之与善，尽皆不取不舍，亦不染著，心如虚空，名之为大，故曰‘摩诃’。”

注释

①无记空：一切法的性质可分为善、不善、非善非不善三种。非善非不善法，因其不能记为善，也不能记为恶，故称“无记”。“无记空”指于善、不善皆不可记别的空。在禅修中，无记空也叫大昏沉，《楞严经》称之为“幽闲法尘”，指一切思想、感觉都已停顿的心理状态。

②世界："世界"一词原是佛教词汇，又名世间，即有情众生所住的国土。佛经以过去现在未来为"世"，指时间相，东西南北上下为"界"，指空间相。由此可见有情众生所居住的国土，不但有东西南北上下之分界，而且是有生灭的，不是永恒存在的东西。

③色像：色，指体色；像，指形态。

④天堂地狱："天堂"是三界六道轮回中的一处，包括欲界中的六欲天，色界中的四禅十八天和无色界中的四空天，在"六道"中，"天堂"的福报最大，如寿命极长、身量极高、享受各种欲乐等。佛家认为，要生天堂，必须广修诸善。"地狱"的概念是随佛教传入中国，而为民间所熟知的。"地"有"底下"的意思，"狱"有"拘困"的意思；在六道轮回中，地狱最下劣、最惨苦，列为"三恶道"（地狱、饿鬼、畜生）之首。据说，造五逆十恶的人，死后将受地狱报应。许多宗教都有善人死后，当升天堂，受诸福乐；恶人则入地狱，受诸苦痛的说法。

⑤须弥诸山：须弥，山名，译为妙高、妙光、安明、善积、善高。此山是由金、银、琉璃、水晶四宝所成，所以称"妙"，诸山不能与之比高，所以称"高"。又高有八万四千由旬，阔有八万四千由旬，为诸山之王，故得名"妙高"。此山为一小世界之中心，山形上下皆大，中央独小，四王天居于山腰四面，忉利天在山顶，山根有七重金山，七重香水海环绕之，在金山之外有咸海，咸海之外有大铁围山，四大部洲即在此咸海之四方。须弥诸山则还包括其外围的八个山：持双、持轴、檐木、善见、马耳、象鼻、持边、铁围。

译文

"各位善知识，不要听见我说空，就执著于对空相的追求啊！修行之人首先要做到的就是不要执著于空。如果修行者什么想法也没有，就是一味枯立在那里静坐，即使没有善恶的分别，却又落入了对“无记空”的执著当中。

“各位善知识，世界是虚空的，可以包含万事万物的种种色相。无论是日月星辰、山河大地、草木丛林，还是恶人善人、恶法善法、天堂地狱，还有一切大海以及须弥山和周围的山，都被包含在这虚空当中。世间之人的自性真空，而是如此，能融摄一切万法。

“各位善知识，既然人的真如本性能够融摄一切万法，我们称之为‘大’，世间万法就蕴含在我们每个人的自性之中。如果见到一切人，或善或恶，我们都能够不取不舍，没有分别，也不被沾染执著，心境如同虚空般清净，我们就称之为‘大’，这也就是我们所说的‘摩诃’。”

经文

“善知识！迷人口说，智者心行。又有迷人，空心静坐、百无所思，自称为大。此一辈人，不可与语，为邪见①故。

“善知识！心量广大，遍周法界②。用即了了③分明，应用便知一切。一切即一，一即一切，去来自由，心体无滞，即是般若。

“善知识！一切般若智，皆从自性而生，不从外入，莫错用意，名为真性④自用，一真一切真。心量大事⑤，不行小道⑥。口莫终日说空，心中不修此行。恰似凡人自称国王，终不可得，非吾弟子。”

注释

①邪见：邪见有二义，一指五见使中，拨无因果之见，叫做邪见；二指凡是不合正法的外道之见，都可以叫做邪见。文中的

邪见是指谬妄不合于道之外道之见。

②法界：一切诸法，名为法界，指意识所缘对象的所有事物，为“十八界”之一。又曰法性，亦曰实相。法界之义有多种，以二义释之，一就事，二约理。就事相来说，法者诸法，界者分界，现象界的一切事物，各有其差别不同的相，而且不能混淆，名“事法界”；就理体来说，诸法在外相上虽千差万别，但皆同一性，名“理法界”。

③了了：了然之义，谓晓解也。

④真性：不假叫做真，不变叫做性，此不假不变的真性是吾人本具的清净心体。

⑤心量大事：心量，指胸怀、心胸。在佛教中指心对外境的攀缘、度量。佛的真实证到的心量，能克服主客体对立，远离能缘、所缘而住于无心。大事，则转迷开悟之事也。

⑥小道：指空心静坐、百物不思等这般冥想功夫。

译文

“各位善知识，愚昧的人只知道整天以口说空，有真智慧的人才用心体悟。又有一些迷昧之人，整日只知道空心静坐，什么也不思考，还自己妄称这就叫做‘大’。这一种人，不能与他谈论，因为这种观点是不合于道的邪见。

“各位善知识，人的心怀广大，能够融摄整个法界的一切对象。从法性来看，实相无相，然而其功用却又了了分明，清楚明白，运用它便能了知一切。一切万法皆蕴含在人的本心之中，人的本心中融摄一切万法，一与一切融即，其体无碍，法法相即。来去自由，心体无所滞碍，这就是般若妙智。

“各位善知识，一切般若智慧，都是从人的自性中生发出来的，不是从外面学来的。大家千万不要会错意，这就是人们清净心体的自我本性。自性本体真实不虚，故其融摄的一切万法真实不虚。转迷开悟的大事，不能用空心静坐，百无所思的小道来获得。不用整天把空挂在口边，心中却对此不体悟修行。就好比平民百姓自称是国王，但是终究也成不了国王。这种人绝不是我的弟子。”

经文

“善知识！何名‘般若’？般若者，唐言[①]智慧也。一切处所，一切时中，念念不愚，常行智慧，即是般若行。一念[②]愚即般若绝，一念智即般若生。世人愚迷，不见般若，口说般若，心中常愚。常自言‘我修般若’，念念说空，不识真空。般若无形相。智慧心即是。若作如是解，即名般若智。

“何名‘波罗蜜’？此是西国语[③]，唐言到彼岸。解义离生灭。著境生灭起，如水有波浪，即名为此岸[④]。离境无生灭，如水常通流，即名为彼岸，故号波罗蜜。

“善知识！迷人口念，当念之时，有妄有非。念念若行，是名真性。悟此法者，是般若法，修此行者，是般若行。不修即凡，一念修行，自身等佛。

“善知识！凡夫即佛，烦恼[⑤]即菩提。前念迷即凡夫，后念悟即佛。前念著境即烦恼，后念离境即菩提。”

注释

①唐言：唐朝时，中国是一个强大的国家，威震四海，无论是兵力还是文化都传播到世界各地。因此，外国人多称中国为“唐”。唐言，也就是指中国的语言文字。

②一念：指极短促的时间。短到什么程度呢？《仁王经》中说，“一念”中包括九十刹那，一刹那中又包括九百次生灭。按《摩诃僧祇律》计算，约合0.018秒。

③西国语：西国，泛指中国以西的各个国家，在这里特指印度。

④此岸：参照“彼岸”注释。“此岸”指的是生死界，有生有死。

⑤烦恼：《大智度论》卷七解释：“烦恼者，能令心烦能作恼故，名为烦恼。”《成唯识论述记》卷一解释：“烦是扰义，恼是乱义；扰乱有情，故名烦恼。”由此可知，凡是能扰乱众生身心，使之心烦意乱的情事，都叫做“烦恼”。

译文

“各位善知识，什么叫‘般若’呢？般若，翻译成中文就是智慧的意思。在任何地方，任何时间，每一个念头，无论是前念、今念还是后念，都不要被无明愚昧所蒙蔽，而应该常常运用生起之般若智慧来关照，这就是‘般若行’，即智慧行。即使是一念之间产生了愚迷的念头，般若智慧就会立刻绝灭；即使是一念之间体悟了真正的智慧，般若智慧也会当下生起。世间的人愚笨痴迷，看不到自己的般若本性，只知道口中念诵般若智慧，心里却常常愚笨不已，难以体悟。那些人经常自己说道‘我正在修行般若智慧’，却不知时时刻刻口中说空，其实根本没有认识到真正的性空。般若智慧没有形态和相状，人的智慧之心就是般若真智。如果能有这样的见解，就是般若智慧了。

“什么叫‘波罗蜜’呢？这是梵语，翻译成中文意思是‘到彼岸’。再进一步解释就是远离一切生灭相。人的心如果执著于外境一切形相，就会产生生灭的心相，就好比水中起了波浪一般，这被称为‘此岸’。人的心如果能够远离一切形相，不执著于外境，就不会产生生灭的心相，就好比流水能够常畅通无碍一般，这被称为‘彼岸’，所以叫做‘波罗蜜’。

“各位善知识，迷昧的人口中念空，所念之时，心中怀有妄念和是非之情。如果一个人每一念都能够在心中真正体悟修行，这就是人所本具的清净心体，般若真性。假若能够真正体悟这一法门，就是真正懂得了般若法门，依照此法修行，所修行的就是般若行。如果不这样修行，就是凡夫俗子，哪怕只有一念修行，也可以当下立见本性，自身与佛没有什么不同。

“各位善知识，其实凡夫俗子就是佛，扰乱心智的烦恼就是菩提智慧，两者并无质的区别。前一念迷昧就是凡夫俗子，后一念觉悟就是佛。前一念执著于外境形相就是烦恼，后一念远离外境形相不执著就是菩提智慧啊!”

经文

“善知识！摩诃般若波罗蜜，最尊最上最第一，无住①无往亦无来。三世②诸佛从中出。当用大智慧，打破五蕴③烦恼尘劳④，如此修行，定成佛道，变三毒⑤为戒、定、慧⑥。

“善知识！我此法门⑦，从一般若生八万四千智慧。何以故？为世人有八万四千尘劳。若无尘劳，智慧常现，不离自性。悟此法者，即是无念⑧。无忆无著⑧，不起诳妄，用自真如⑨性，以智慧观照，于一切法，不取不舍，即是见性成佛道。”

注释

①无住：世间万法没有自性，所以无所住著，随缘而生，因此称为无住。

②三世：指过去世、现在世、未来世。凡已生已灭之法叫做“过去世”，已生未灭之法叫做“现在世”，未生未起之法叫做“未来世”。

③五蕴：参见“蕴之与界”注释。五蕴指色蕴、受蕴、想

蕴、行蕴、识蕴，五种构成人身的五大要素。

④尘劳：烦恼的别名。贪、嗔（chēn）等烦恼，坌（bèn）秽真性，劳乱身心，谓为尘劳。

⑤三毒：指贪、嗔、痴。贪是贪爱五欲，嗔是嗔恚（huì）无忍，痴是愚痴无明，因贪、嗔、痴能毒害人们的身命和慧命，故名“三毒”，这也是一切烦恼的根本。

⑥戒、定、慧：这三者也称为“三学”，也称为“三无漏学”。戒是戒止恶行，定是定心一处，慧是破妄证真。戒能伏贪爱心；定能伏嗔恚心；慧能伏邪痴心。持此戒定慧三法，能对治贪、嗔、痴三毒，便能成就佛果，所以佛经上称之为“三无漏学”。

⑦法门：指佛所说的法，因为是众生超凡入圣的门户，故称“法门”。

⑧无念：指无有妄念，是正念的别名。无念就是剔除认知过程中隐含的“判断”，念头回到其本来面目，觉知的意思。

⑧无忆无著：无忆，指不迷恋；无著，指不执著于事物之念。

⑨真如：“真”是真实不虚，“如”是如常不变，合真实不虚和如常不变二义，谓之“真如”。又“真”是真相，“如”是如此，真相如此，故名“真如”。“真如”就是诸法实相，宇宙万有的本体，恒常如此，不变不异，不生不灭，不增不减，不垢不净，也就是无为法，也就是一切众生的自性清净本心，亦称佛性、法身、如来藏、实相、法界、法性、圆成实性等。

译文

“各位善知识，现在你们知道了吧，这摩诃般若波罗蜜的大智慧，是最尊贵、最上乘、最第一的至高义谛，没有自性，随缘而生，没有所住，没有往也没有来。过去世、现在世、未来世，三世诸佛都从中生出。我们应当运用这种大智慧打破色、受、想、行、识这五蕴，以及贪、嗔等烦恼尘劳。按照这样去修行，一定能够修成佛道，把贪、嗔、痴三毒转变为戒、定、慧三学，获得解脱。

“各位善知识，我所说的这种法门，可以从这般若真性出发而产生出八万四千智慧。这是什么原因呢？原来这是因为世间的人都有八万四千种烦恼尘劳。如果没有这些烦恼尘劳，那么般若智慧就会恒常显现，就不会离开自我的真智本性。能够体悟这一法门的人，就已经达到了没有妄念，悟得了正念。如果我们能够不迷恋，不执著，不生起诳妄之心，用自己的清净本心、真如佛性，用自身具有的般若智慧去观照，对世间一切事物现象，都不索取舍弃，就是明心见性成就佛道了！”

经文

“善知识！若欲入甚深法界及般若三昧[①]者，须修般若行，持诵《金刚般若经》，即得见性。当知此经功德[②]，无量无边，经中分明赞叹，莫能具说。此法门是最上乘，为大智人说，为上根人说，小根小智人闻，心生不信。何以故？譬如[③]大龙下雨于阎浮提[④]，城邑聚落，悉皆漂流，如漂枣叶。若雨大海，不增不减。若大乘人，若最上乘人，闻说《金刚经》，心开悟解，故知本性自有般若之智，自用智慧，常观照故，不假文字。譬如雨水，不从天有，元是龙能兴致，令一切众生、一切草木、有情无情，悉皆蒙润。百川众流，却入大海，合为一体。众生本性般若之智，亦复如是。

“善知识！小根之人，闻此顿教，犹如草木根性小者，若被大雨，悉皆自倒，不能增长。小根之人，亦复如是。元有般若之智，与大智人更无差别。因何闻法不自开悟？缘邪见障[5]重，烦恼根深，犹如大云覆盖于日，不得风吹，日光不现。般若之智亦无大小，为一切众生自心迷悟不同。迷心外见，修行觅佛。未悟自性，即是小根。若开悟顿教，不能外修，但于自心常起正见，烦恼尘劳，常不能染，即是见性。”

注释

①般若三昧：“三昧”有二义。一译为定，是定心一处的意思。修行的人六根接触外面的六尘境界时，若能做到不起心、不动念、不分别、不执著，就叫做“定”，也就是进入“三昧”的境界。二译作正受，是正常的享受的意思。世人的心常被外境的影响而波动，那已经失去正常，修行的人面对一切的外境时，虽了了分明，但不起心不动念，如如不动，其心清净如镜，那才是正常的享受，也是圣者的享受。般若三昧指的是得到智慧的正定功夫。

②功德：修行是功，身心清净是德；灭除内心的愚痴是功，智慧现前是德；德者得也，修行有所得，故曰“功德”，即指修行所获得的福报。

③譬如：凡是以“譬如”开头的句子，表示后面为一个譬喻。由于佛教经典系梵文或西域文字翻译而来，其中许多语言对于初学者来说晦涩难懂，加之经文所反映之佛理又多深远，因此，“譬喻”是佛经与解读佛经经常使用的手法。譬喻一般由“喻体”“喻词”和“喻依”搭配组成。“喻体”即所要记叙、说明的主体，在佛经中一般为经典所欲讲述的道理；“喻依”是与喻体具有共同类似特点另一事物，被用来说明、形容喻体，也就是佛经中出现的“举例子”“打比方”；“喻词”则是“如，像，好比，似，犹如”之类的连接语词。

④阎浮提：译为赡部洲。阎浮是树名，译为赡部，因为此洲

的中心，有阎浮树的森林，因此树的缘故，称为赡部洲，赡部洲就是我们现在所住的娑（suō）婆世界。

④障：障是烦恼的别名，因烦恼能障碍圣道，故称障。

译文

“各位善知识，如果想要深入研究甚深法界和般若三昧法门，必须修持前面所述之般若行，奉持诵读《金刚经》，这样就能够明心见性。大家要知道，这部《金刚经》的功德是无量无边的。经文中已经对此分别给予了赞叹，在这里就不一一具说了。我所说的这般若顿教法门是最上乘的，是为有大智慧的人说的，是为上等根器的人说的。下等根器小智慧的人听了，心中却会产生怀疑，不相信。这是为什么呢？其实，这就好比龙王在赡部洲，也就是我们所住的娑婆世界上降雨，所有的城邑和村落都随着雨水漂流，就像漂浮在水中的枣树叶子一样。就好比雨落到大海中，大海的水好像没有增加也没有减少。就好比具有大乘根器的人，好比具有最上乘根器的人，一听闻《金刚经》，心中便会开悟，知解般若智慧。由此便可以知道人的本性中本自具有般若智慧，运用自己本有的智慧，经常观照审察，便不需要借助任何文字了。就譬如这雨水，不是凭空从天上降得的，而是龙王一时兴起弄云布雨所造成的，令世间一切众生、一切草木，无论是有情还是无情，都蒙受了雨水的润泽。一切河流大川，都流入大海，汇为一体。世间一切众生自身本具的清净本心，般若智慧，也是一样。运用它时，它可以有无量无边的妙用，但是无论怎么用，最后都会汇集于真如妙智的般若本性上来。

“各位善知识，那些只有下等根器的人，听闻我所讲的这般若顿教法门，就好比草木，因为根浅枝弱，如果遇到了大的暴风雨，就会被全部连根拔起而冲毁，不能再继续生长。那些只有下等根器的人也是如此。原本他们也有般若智慧，与那些有大根智慧的人没有什么差别。可是为何他们听闻我说的顿教法门后不能够自己开悟呢？这都归因于他们的谬妄邪见障碍太重，烦恼根植于心中太深的缘故。就好比浓重的乌云遮蔽了太阳，如果得不到风吹云开，太阳的光芒就不能显现出来一样。般若智慧没有大小之分，只是因为众生心中的迷昧和开悟程度不同，才会显得有大智慧和小智慧之分。迷昧的心显现于外，虽是发心修行觅求成佛，但是由于没有体悟到自己的清净本心，菩提本性，这就是具有小根器的人。假如能够体悟到清净本心，菩提本性，言下顿悟，不执著向外境修行，但是自己的本心常常生起正知正见，一切烦恼尘劳都不能污染他的清净之心，这就是明心见性了！”

经文

“善知识！内外不住，去来自由，能除执心，通达无碍。能修此行，与《般若经》①本无差别。

“善知识！一切修多罗②及诸文字，大小二乘③，十二部经④，皆因人置，因智慧性，方能建立。若无世人，一切万法本自不有。故知万法本自人兴。一切经书，因人说有。缘其人中有愚有智。愚为小人，智为大人。愚者问于智人，智者与愚人说法。愚人忽然悟解心开，即与智人无别。

“善知识！不悟即佛是众生。一念悟时，众生是佛。故知万法尽在自心，何不从自心中，顿见真如本性？《菩萨戒经》⑤云：‘我本元自性清净。若识自心见性，皆成佛道。’《净名经》⑥云：‘即时豁然，还得本心。’”

注释

①《般若经》：是说般若波罗蜜深理诸部经典的总名。其中包括有《大般若经》《放光般若经》《摩诃般若波罗蜜经》《光赞

经》《道行般若经》《佛母出世三法藏般若波罗蜜多经》《佛母宝德藏般若波罗蜜经》《大明度经》《摩诃般若钞经》《胜天王般若波罗蜜经》《文殊师利所说摩诃般若波罗蜜经》《文殊师利所说般若波罗蜜经》《濡首菩萨无上清净分卫经》《金刚般若波罗蜜经》《仁王般若波罗蜜经》《了义般若波罗蜜经》《般若波罗蜜多心经》《开觉自性般若波罗蜜多经》等多部经典。

②修多罗：译为“契经”。“契”是上契诸佛妙理，下契众生根机的意思；“经”，法也、常也，是线的意思，是圣教的总名。“经”贯穿法义，使不散失。所谓“修多罗”，也就是指经中之文也。直说法相，随其义理长短，不以字数为拘，是为长行也。

③大小二乘：指大乘和小乘。佛教本无大小二乘的区别，在公元1世纪左右，佛教分为大乘佛教和小乘佛教。乘，是承载或道路的意思。大小乘佛教的主要区别在于对佛教教义的解释和理解有分歧。小乘主张保持原来的教义，以释迦牟尼为教主，以《阿含经》为主要经典；大乘则对原来的教义有所修改和发展，认为三世十方有无数的佛，并以《般若经》《维摩经》《法华经》《华严经》《无量寿经》等为主要经典。小乘派认为自己是正统，大乘派则认为自己有创新。这里讲的大小二乘的主要区别是小乘是声闻缘觉的法门，以修身自利为宗旨，其最高果位为阿罗汉果及辟支佛果，主张先度自己；大乘是菩萨的法门，以救世利他为宗旨，最高的果位是佛果，先度人以至人我同度。

④十二部经：“十二部经”是将佛所说的法，按照其叙述形式与内容分成的十二种类，又作十二分教、十二分圣教、十二分经。分别是长行（以散文直说法相，不限定字句者，因行类长，故称长行）、重颂（既宣说于前，更以偈颂结之于后，有重宣之意，故名重颂）、孤起（不依前面长行文的意义，单独发起的偈颂）、因缘（述说见佛闻法，或佛说法教化的因缘）、本事（是载

佛说各弟子过去世因缘的经文)、本生(是载佛说其自身过去世因缘的经文)、未曾有(记佛现种种神力不思议事的经文)、譬喻(佛说种种譬喻以令众生容易开悟的经文)、论议(指以法理论议问答的经文)、无问自说(如《阿弥陀经》,系无人发问而佛自说的)、方广(谓佛说方正广大之真理的经文)、记别或授记(是记佛为菩萨或声闻授成佛时名号的记别)。在这十二部中,只有长行、重颂与孤起是经文的格式,其余九种都是依照经文中所载之别事而立名。此外,小乘经中无自说、方广、授记三类,故仅有九部经。

⑤《菩萨戒经》:《菩萨戒经》为姚秦三藏法师鸠摩罗什最后译出《梵网经》中之《菩萨心地戒品第十》,共二卷,题曰《梵网经卢遮那佛说菩萨心地戒品第十》。后别录此下卷中偈颂已后所说之戒相为一卷,以便诵持。而智者大师曰之为《菩萨戒经》。此经主要讲述了大乘佛教的“十重戒”和“四十八轻戒”。

⑥《净名经》:《维摩诘经》之异名。《维摩诘经》,全称《维摩诘所说经》,是一部非常有影响的大乘经。本经旨在阐说维摩所证之不可思议解脱法门,故又称《不可思议解脱经》。本经之中心人物维摩居士为佛陀住世时印度毗舍离城长者,昔时佛陀在毗舍离城,五百长者之子往诣佛所,请佛为之说法。维摩称病,欲令佛遣诸比丘菩萨问其病,借此机会与佛派来问病之文殊师利等,反复论说佛法,因成此经。全经以在家居士维摩诘为中心人物,透过其与文殊师利等共论佛法,以宣扬大乘佛教真理。其中所宣扬的不二法门、佛国净土论和佛性论的思想影响深远。

译文

“各位善知识,无论是内境还是外缘,你的心都不能停留执著,要来去自由,这样才能够除去执著之心念,达到通达无所障碍的圆融境界。能够按照这样修行,就与《般若经》所开示的法门无所差别了。

“各位善知识，一切契理契机的经典及其文字，无论大乘佛法还是小乘佛法，十二部经，都是因为众生的需要才施设的，因为人人具足般若智慧之真性，所以佛法真理才能建立起来。如果没有世人的存在，那么一切世间万法本身也是不存在的。由此，我们可以知道，世间万法是因为世人的存在和需要才兴生而出的。一切佛教经典，都是因为人的讲说和记录才存在的。又因为世人之中有愚笨迷昧的人，有智慧开悟的人。愚笨迷昧的人是具有下等根器的人，智慧开悟的人是具有上等根器的人。愚笨迷昧的人不得解，便向智慧开悟的人请教，智慧开悟的人便向愚笨迷昧的人说法开示。而愚笨迷昧的人一旦刹时间开悟得解心中清明，便即刻与智慧开悟的人没有什么差别了。

“各位善知识，佛与众生本来没有什么区别，众生皆有佛性，但是如果你不能开悟你的般若真性，那么即使有佛性也是众生，假如你一念之间认识了本心，开悟了佛性，那么众生当下即是佛！由此可知，世间万法尽在众生自己的心中，你们又为何不从这心中，去顿见自己的真如本性呢？《菩萨戒经》说：‘一个人的本源自性原本是清清净净的。倘若能够认识到人的清净本心，般若真性，那么就都能够成佛。’《净名经》说：‘当下豁然开悟，便能识得本心，（立即成佛）。’”

经文

“善知识！我于忍和尚处，一闻言下便悟，顿见真如本性。是以将此教法流行，令学道者顿悟菩提，各自观心，自见本性。若自不悟，须觅大善知识，解最上乘法者，直示①正路。是善知识有大因缘②，所谓化导令得见性。一切善法，因善知识能发起，故三世诸佛，十二部经，在人性中本自具有，不能自悟，须求善知识，指示方见。若自悟者，不假外求。若一向执谓须他善知识方得解脱者，无有是处。何以故？自心内有知识自悟。若起邪迷，妄念颠倒，外善知识虽有教授，救不可得。若起正真般若观照，一刹那间，妄念俱灭。若识自性，一悟即至佛地。”

注释

①直示：直接指示。

②因缘：为因与缘的合称。“因”指主要的原因，“缘”指次要的助缘。世间的一切事物，皆由因与缘的和合而生才产生的。例如稻谷，种子为因，泥土、雨露、空气、阳光、肥料、农作等等为缘，由此种种因缘的和合而生长出谷子来。

译文

“各位善知识，我在弘忍大和尚那里，一听到大师讲演佛法，便当下顿悟自己的真如本性。因此，希望将这顿教法门推行开来，让这些学习修行佛教法门的信众能够顿悟菩提智慧，各自观照本心，识见自己的真如本性。如果自己不能开悟得解，那就需要寻找那些理解了顿教最高最上乘法门的大善知识们，来直接开示正确的开悟途径。这些善知识们与佛法都有很大的因缘，通过所谓的开化教导令众生开悟见性。一切妙善法门，也都是因为这些开悟了佛法，悟得了真性的善知识们发起而流传的，因此，过去世、现在世、未来世三世诸佛，十二部经的真知妙理，其实在每个人的人性之中都是本来具有的，只是不能自己开悟，所以才需要请求这些开悟了的大善知识，来直接指示才能得见。如果能够自己得到开悟，就不需要假借善知识的帮助向外寻找开悟得解的方法了。但是，如果一向执著于此，声称必须要有善知识的指示才能够得到解脱，那么这样做就错了，是没有用处的。这是什么原因呢？因为众生心中自有般若智慧能够自己开悟。如果因为邪见迷悟了清净本心，般若真性，被虚妄的心念所颠倒，即使在外有善知识的教授开示，也无药可救，不得开解。假若能够生起正确真实的般若智慧观照内心，一刹那间，那些虚妄的心念全部寂灭。假若能够认识到自己的般若真性，当下开悟便可以达到佛的境地。”

经文

“善知识！智慧观照，内外明彻，识自本心。若识本心，即本解脱。若得解脱①，即是般若三昧，即是无念。何名‘无念’？若见一切法，心不染著，是为无念。用即遍一切处，亦不著一切处。但净本心，使六识②出六门③，于六尘④中无染无杂，来去自由，通用无滞，即是般若三昧，自在解脱，名‘无念行’。若百物不思，当令念绝，即是法缚⑤，即名‘边见’⑥。

“善知识！悟无念法者，万法尽通；悟无念法者，见诸佛境界；悟无念法者，至佛地位。

“善知识！后代得吾法者，将此顿教法门，于同见同行，发愿受持⑦，如事佛故，终身而不退者，定入圣位⑧。然须传授从上以来默传⑨分付，不得匿其正法。若不同见同行，在别法中，不得传付，损彼前人，究竟⑩无益。恐愚人不解，谤此法门，百劫千生，断佛种性。”

注释

①解脱：指脱离束缚而得自在的意思，也是涅槃的别名。

②六识：指眼识、耳识、鼻识、舌识、身识、意识。这是眼耳鼻舌身意六根对色、声、香、味、触、法之六尘而生的见、闻、嗅、味、觉、思的了别作用。

③六门：指眼、耳、鼻、舌、身、意之六根，也叫“六门”。

④六尘：指色尘、声尘、香尘、味尘、触尘、法尘。尘者染污之义，谓能染污人们清净的心灵，使真性不能显发。又名六境，即六根所缘之外境。

⑤法缚：指思想被所知所见所束缚，也就是执著于法。

⑥边见：五见之一，指偏向一边的恶见。如有人认为人死之后为断灭，没有后世，在佛教中被称为“断见”或“无见”；又有人认为人死之后仍是为人，猪马牛羊死后仍是为猪马牛羊，在佛教中被称为“常见”或“有见”。这些见解都被佛教认为是偏于一边，不合中道，故名边见。

⑦发愿受持：发愿，发起誓愿。受，领受；持，忆持，受持是指以信力领受，以念力忆持。

⑧圣位：指三乘圣果之位。华严经说：“愿一切众生，速入圣位。”

⑨默传：指以心传心、见性成佛。因为宗门之传授，在言语之外，所以称为默传。

⑩究竟：梵语 Uttara 之译，意思是事理之至极。

译文

“各位善知识，运用般若智慧观照一切，使心内心外都光明通彻，识见自我的清净本心，般若本性。如果能够认识到自我的清净本心，就能够得到根本解脱，也就是智慧的正定功，也就是无念。什么叫‘无念’呢？如果见到世间一切物质和现象，心中都不被染污执著，这就是无念。运用之时可以遍及一切地方处所，但是却不执著于一切地方处所。只要能够识得清净本心，使眼识、耳识、鼻识、舌识、身识、意识六识从眼、耳、鼻、舌、身、意六门中空去，在色尘、声尘、香尘、味尘、触尘、法尘六尘之中却不受染污不生杂念，来去自由，通达应用无所滞碍，这就是般若三昧，就是智慧的正定功，就是自在解脱，就叫做‘无念行’。假若什么事情都不思考，一心只想把所有的念头都断绝，就是执著于法，被法所束缚，就叫做偏于一边，不合中道的‘边见’。

“各位善知识，能够开悟这无念法门的人，世间一切万法能够通达；开悟了无念法门的人，就能识见诸佛的境界；开悟了无念法门的人，就能达到诸佛的果位。

“各位善知识，后代世人倘若得到我所传授的法门，请将这顿教法门，与那些见地相同、修持相同的人，一同发起誓愿以信力领受，以念力忆持，虔诚恭敬如同奉持佛祖一般，为此终身精进努力而不生退念的人，最终一定会证得圣佛的果位。然而必须传授从佛祖到历代祖师传下来的以心传心、见性成佛的默传法门，不得出于私心隐匿正法而不相传。如果没有遇到见地相同、修持相同的人，在信奉其他法门的人之中，不能将此顿教法门传授给他们，唯恐他们不能体悟真如妙法而对诸位先圣前贤有所损谤，这终究是没有好处的。只恐怕愚笨迷昧的人不能够理解开会，诽谤这禅宗顿教法门，这样的人会导致百劫千生的大业障，永远断除可以成佛的因缘种性。”

经文

“善知识！吾有一《无相[1]颂》，各须诵取。在家出家，但依此修。若不自修，惟记吾言，亦无有益。听吾颂。”曰：

“说通[2]及心通[3]，如日处虚空；
唯传见性法，出世破邪宗[4]。
法即无顿渐[5]，迷悟有迟疾；
只此见性门，愚人不可悉。

说即虽万般，合理还归一；
烦恼暗宅中，常须生慧日。
邪来烦恼至，正来烦恼除；
邪正俱不用，清净至无余。
菩提本自性，起心即是妄；
净心在妄中，但正无三障⑥。
世人若修道，一切尽不妨；
常自见己过，与道即相当。
色类⑦自有道，各不相妨恼；
离道别觅道，终身不见道。
波波⑧度一生，到头还自懊；
欲得见真道，行正即是道。
自若无道心，暗行不见道；
若真修道人，不见世间过。
若见他人非，自非却是左⑨；
他非我不非，我非自有过。
但自却非心，打除烦恼破；
憎爱不关心，长伸两脚卧。
欲拟化他人，自须有方便⑩；
勿令彼有疑，即是自性现。
佛法在世间，不离世间觉；
离世觅菩提，恰如求兔角⑪。
正见名出世，邪见是世间；
邪正尽打却，菩提性宛然。
此颂是顿教，亦名大法船⑫；
迷闻经累劫，悟则刹那间。”

师复曰："今于大梵寺说此顿教，普愿法界众生言下见性成佛。"时韦使君与官僚、道俗，闻师所说，无不省悟。一时作礼，皆叹："善哉！何期岭南有佛出世！"

注释

①无相：于一切相，离一切相，即是"无相"。另，"无相"还是涅槃的别名，因涅槃境即远离一切虚妄之相，故称无相。

②说通：指圆通自在，符合经意，随机度化，示导众生的言教。

③心通：心通即宗通。宗通，指自证殊相之相，即内证的道理。

④邪宗：禅宗将不以见性为宗旨的宗派，称作"邪宗"。

⑤顿渐：指顿教和渐教。顿教是立刻速成，当下见性成佛的教法；渐教是逐渐成功、分阶修行的教法。

⑥三障：指烦恼障、业障、报障。烦恼障，如贪、欲、嗔、恚、愚、痴等之惑；业障，如五逆十恶等之业；报障，如地狱、饿鬼、畜生等之苦报。世间众生因为有这三障，所以才不能开悟成佛。

⑦色类：指世间一切有形有相的众生。

⑧波波：借此形容忙碌奔波忽扰的样子。

⑨左：错误。

⑩方便：方是方术，便是稳便。方便之法，就叫方便，指为了引导和教化众生而采用的手段、方法或语言。

⑪兔角：愚笨迷昧的人误将兔子的耳朵视为角，后人以兔角来比喻有名无实，世间根本不存在的东西。

⑫法船：佛法能使人了脱生死，就好像船只能渡人过生死海而到涅槃之彼岸一样，故称法船。

译文

“各位善知识，我有一首《无相颂》，大家每个人都必须诵读体悟。无论是在家二众还是出家二众，都要依照这首偈颂进行修持。如果自己不依照偈颂真心诚意的进行修持，而仅仅只是记住了我说的话，也没有任何益处。下面，就请听好我的偈颂：

“说法的圆通与本心的圆融，就好像太阳处在虚空之中，体用相即，了无障碍。而宗门只传以心印心的见性法门，其出世是为了破斥那些不以见性为宗旨的邪见宗派。

“佛教法门原本是没有所谓顿教和渐教之分的，但是人的根器不同，有迷昧和开悟之分，对于自身真如佛性的悟解也有快慢的差别。所以我所说的这禅宗顿教法门，对于那些愚笨迷昧的人来说，是不能洞悉明了的。

“佛所说教的法门虽有八万四千种之多，然究极而言，却是万法归一，最终所说的还是诸法实相的本体之理。在那些五蕴、六尘的烦恼暗宅之中，应当常用般若智慧之大光明日光去照破。

“如果被邪见蒙昧了本心，那么烦恼也就随之而来，如果一旦正见正念生起，那么烦恼也就自然随之消除了。但是所谓的正念也是相对于邪见而言的，只有当我们抛弃了正、邪的差别，超越那种二元对立的思维，不论正，也勿论邪，那时的本心才是清净至极的究竟涅槃。

“人所用有的菩提智慧本来是自性具足的，一旦起心动念向外觅求即是妄见。而我们的清净本心也不在别的地方，恰恰就是在世人的妄想心中，一旦将妄想心反正，体悟到我们的真心真性，那么就不会再有烦恼障、业障、报障三种障碍了。

“世间之人倘若想修行此道，无论是在家，还是出家，无论是行、走、坐、卧，都可以修行。在修行的路上，能够时常照见自己的过错得失，就与菩提道相当接近了。

“世间一切有形有相的众生皆有自己的生存空间与生存方式，原本各自不相妨碍恼乱。离开自己的法性和生存之道而向外觅求法性，这样终其一生也不能开悟到真正的菩提道路。

“世间众人忙碌奔波纷扰度过一生，到头来只能自我懊悔。如果想要见证真正的菩提道路，就只有恒之一心坚定不移地行之以正，那就是菩提大道了。

“自己如果没有发上求道的心，那么他的行持就好像在黑暗中行走一般，没有方向没有目的，那样终究是见证不到真正的菩提道路的。如果是真正的修道之人，因为有一颗清净本心，就不会再分别执著于世间的是非过错了。

“如果我们执著于他人身上的是非过错，那么就证明我们自己心中还有分别心，没有破除执著，这样是不对的。别人的是非过错我们不去非议，如果我们自己去分别执著的话那就是我们自己的过错。

“我们只有自己却除了那颗是非、善恶之心，才能打破一切烦恼的扰乱。世间所谓的憎恨爱怜都不放在心上，做一个伸长双脚、饥食困眠的自在之人，岂不更好？

“如果想要化度他人，自然需要有引导和教化众生的方便法门。不要让这些学法之人对自己的清净本心产生怀疑，当下意识到自己的真如本性，便能显现开悟。

“佛法因为世人的需要而施设、流布在世间，目的是要让世间众人都能够觉悟成佛。离开世间万法向外寻找菩提正道，那就好比要寻找兔角这种世间根本就没有的东西一样！

“有这种正知正见就叫做出世间法，没有这种见地，只有邪见的话就叫做世间法。无论是正见，还是邪见，我们都应该抛却不执著，在这种情况下，人的菩提本性就自然呈现了。

“这首偈颂说的是识见本心、顿悟成佛的顿教法门，能使人了脱生死，就好像船只能渡人过生死海而到涅槃之彼岸，因此也叫做大法船。如果是下等根器的人听了这首偈颂，需要经过累劫修持才能逐渐证得真如佛性；如果是上等根器的人听了这首偈颂，刹那间即可以开悟得道，见性成佛！”

惠能大师又说：“我今天在大梵寺讲说这无上妙智的顿教法门，只愿普天之下的众生都能够当下觉悟，见性成佛。”这时，韦璩刺史与那些官僚部署、道学之士与在家信众等人，听闻惠能大师一番说教，没有一个不得到反省觉悟的。大家一起向大师行礼，都赞叹道：“真没想到，真没想到啊，我们岭南居然有佛出现在世间啊！”

疑问第三

导读

有疑而问，应问而答，应答而解。“疑问品”记述了惠能大师在法会上为弟子解开心中疑惑的过程。在本品中，韦刺史代表所有弟子向惠能大师提出了三大疑问：第一，何为功德？第二，持念“阿弥陀佛”佛号可否往生西方？第三，在家弟子如何修行？可以说，这三个疑问是善男信女们所普遍存在的疑惑。很多人信仰佛教的目的就是为了脱离生死苦海，往生西方极乐净土。而往生的方法，就是今生广施布施以做“大功德”，天天持念“阿弥陀佛”以借佛之外力。但是在本品中，惠能大师却给出了我们不一样的答案。他指出，任何怀有功利目的的大行布施、广设斋会，都是造作，皆是执著，只能叫做“求福报”，而不等于真功德。“功德须自性内见，不是布施供养之所求也。”同样的道理，天天持名念佛祈求往生西方的人，也没有理解佛法真意，佛祖有言：“随其心净而佛土净”，倘若“东方人造罪，念佛求生西方；西方人造罪，念佛求生何国?”其实只要“念念见性，常行平直，到如弹指，便睹弥陀”，“佛向性中作，莫向身外求”。引导众生修行“内外明彻，不异西方”的自心净土。最后，一首《无相颂》开示了在家信众只要“心平”“行直”，“菩提只向心觅”，体悟真如本性，在家也可以修成佛道，受到了在家信众的广泛持奉。

经文

一日，韦刺史为师设大会斋[①]。斋讫[②]，刺史请师升座，同官僚士庶[③]肃容再拜，问曰："弟子闻和尚说法，实不可思议。今有少疑，愿大慈悲，特为解说。"

师曰："有疑即问，吾当为说。"

注释

①大会斋：大会，大法会。斋，指斋食，时食，是正午以前所作的食事。佛教戒律规定，正午以前为正时，以后为非时。正时适宜食，非时不适宜食。所以时中之食为斋食。大法会而兼吃斋，所以称为大会斋。

②讫：音 qì。

③士庶：指士族和庶族，这里泛指广大信众。

译文

一天，韦璩刺史为惠能大师举行大法会兼施斋饭。吃完斋饭后，韦刺史请惠能大师高升法座，自己同其他官僚署部、广大信众一起整肃仪容再次向大师行礼致敬，问道："弟子听到大和尚为我们讲解佛法，实在是高深微妙、不可思议。如今我有少许疑问，还希望和尚能够大发慈悲，为弟子解说开示。"

惠能大师说："你有什么疑问就尽管问吧，我来为你解说。"

经文

韦公曰："和尚所说，可不是达磨大师宗旨乎？"

师曰："是。"

公曰："弟子闻达磨初化梁武帝[①]，帝问云：'朕一生造寺度僧，布施设斋，有何功德？'达磨言：'实无功德。'弟子未达此理，愿和尚为说。"

师曰："实无功德。勿疑先圣之言。武帝心邪，不知正法。造寺度僧，布施[②]设斋，名为求福，不可将福便为功德。功德在法身中，不在修福。"

注释

①梁武帝：即萧衍。自佛教初传中国，走的就是上层路线，注定中国帝王会与"佛"结缘。南朝时期甚至出现了以佛治国的皇帝，南朝梁系第一任皇帝萧衍即是这样。萧衍（464—549），史称梁武帝。唐代诗人杜牧《江南春》一诗云，"南朝四百八十寺，多少楼台烟雨中"，这么多寺庙就是萧衍的功劳和善举。萧衍称帝前本信道教，当了皇帝后，于天监三年（504）开始改信佛，自称"三宝奴"，曾四次舍身入寺，皆由国家出钱赎回。从第二次开始，他脱下龙袍，穿上僧服，还真的当起了和尚，时人称之为"菩萨皇帝"。萧衍确是历史上很博学的皇帝，四书、五经无所不通，佛学造诣尤深。操政之余亲自动手编辑佛学讲义，喜欢手拿经书开讲坛，连"名僧硕学"都喜欢来听，听法之人常高达一万多人，盛况空前。后来，萧衍坚持吃素，反对吃荤，据说中国出家人吃素就是始于此，并拒绝房事，远离女色。萧衍是中国历史上为数很少的几位高寿皇帝之一（86 岁），其子昭明太子及简文帝、元帝亦受其影响而崇佛。此后陈代仍多效法梁武帝，奉佛不辍。

②布施：指以自己的财物，分施给别人。布施有三种，第一，财施，以财物去救济疾病贫苦的人；第二，法施，以正法去劝人修善断恶；第三，无畏施，竭尽所能去解除别人的恐怖和畏惧。

译文

韦刺史说："大和尚所说的法门，是不是依照禅宗初祖达磨大师所传下来的宗旨？"

惠能大师回答说："是的。"

韦刺史又问："弟子听说当时达磨祖师第一次度化梁武帝的时候，梁武帝问他：'我一生中致力于建造寺院、剃度众僧、大行布施、广设斋会，有什么功德吗？'达磨大师回答道：'实在是没有什么功德。'弟子不能通达这里面的道理，希望大师能够为我解说。"

惠能大师说道："确实是没有什么功德。你不要怀疑先贤大德的话。梁武帝心中存有欲望邪念，并没有理解真正的佛法究竟是什么。无论是建造寺院、剃度众僧，还是大行布施、广设斋会，都只能叫做求得福报，而不能把求福报的行为和真正的功德等同起来，认为求福报就是做功德。功德其实存在于法身之中，本来具足，不是行善求福所能得到的。"

经文

师又曰："见性是功，平等①是德。念念无滞，常见本性，真实妙用，名为功德。内心谦下是功，外行于礼是德。自性建立万法是功，心体离念是德。不离自性是功，应用无染是德。若觅功德法身②，但依此作，是真功德。若修功德之人，心即不轻，常行普敬。心常轻人，吾我不断，即自无功。自性虚妄不实，即自无德。为吾我自大，常轻一切故。善知识！念念无间是功，心行平直是德。自修性是功，自修身是德。善知识！功德须自性内见，不是布施供养之所求也，是以福德与功德别。武帝不识真理，非我祖师有过。"

注释

①平等：是相对于"差别"而言的。指没有高下、贵贱、深浅等的差别。

②法身：佛的三身之一，又名自性身，或法性身，指诸佛所证的真如法性之身。

译文

惠能大师又说："清明本心识见本性是功，平等无差别是德。每一个念头都恒常不断，无所滞碍，能够时常照见自心本性，真实不虚之妙用，就叫做功德。在世间法中，内心谦虚处下的就是功，外行彬彬合于礼的就是德。对个人而言，自我的真如本性涵盖世间万法就是功，而本心之体，于念离念就是德。不离开自性本心的就是功，运用自性本心而不被浸染的就是德。如果想要寻找真正的功德法身，就应该按照上面所说的来做，这才是真正的功德。如果是修行真功德的人，心中就不会产生任何轻视别人的想法和念头，而是对每个人都恒常普遍的产生尊敬之心。如果心中产生了轻视别人的想法和念头，那就说明对'我'的执著还没有完全断除，那自然就无功可言了。一旦清净本心，真如本性被虚妄不实所遮蔽，那自然也无德可言了。这些都是因为人执著于'我'，一贯以'我'为大，目空一切的缘故。各位善知识，前念、当念、后念，念念相续无间断就是功；能够做到平常心的对待一切人和事物就是德。自我修行本性是功，自我修行身行是德。各位善知识，现在大家明白了，所谓功德，是需要在本心自性中识见的，而不是从布施供养中求来的，这就是福德与功德的区别。梁武帝不明白真正的功德的含义，这并非是达磨祖师的说法有何过失啊。"

经文

刺史又问曰："弟子常见僧俗念'阿弥陀佛[①]'，愿生西方[②]。请和尚说，得生彼否？愿为破疑。"

师言："使君善听，惠能与说。世尊在舍卫城[③]中，说西方引化，经文分明，去此不远。若论相说里数，有十万八千，即身中十恶八邪[4]，便是说远。说远为其下根，说近为其上智。

“人有两种，法无两般，迷悟有殊，见有迟疾。迷人念佛求生于彼，悟人自净其心。所以佛言：‘随其心净即佛土净。’

“使君东方人，但心净即无罪。虽西方人，心不净亦有愆[5]。东方人造罪，念佛求生西方，西方人造罪，念佛求生何国？”

注释

①阿弥陀佛：又称无量清净佛、无量光佛、无量寿佛等；藏传佛教称为月巴墨佛，在大乘佛教信仰中，认为他是在西方极乐世界的他方佛。大乘佛教各宗派普遍接受阿弥陀佛，但是净土宗则以专心信仰阿弥陀佛为其主要特色。关于阿弥陀佛成道之本缘，据《无量寿经》载，过去久远劫世自在王佛住世时，有一位国王发无上道心，舍王位出家，名为法藏比丘，在世自在王佛处修行，熟知诸佛的净土，历经五劫思虑而发殊胜之四十八愿。此后，不断积聚功德，在距今十劫之前，愿行圆满，成阿弥陀佛，在离此十万亿佛土之西方，报得极乐净土。迄今仍在那里说法，即净土门之教主。因为他能接引念佛人往生西方净土，故又称接引佛。净土法门以持久常念“南无阿弥陀佛”即可往生西方极乐净土，由于其简单易行，广受信众奉持。

②西方：佛教中西方有二指称，一则指印度，因印度在中国的西方；二则指西方极乐世界。这里显然是指西方极乐世界。

③舍卫城：古印度佛教圣地。古印度拘萨罗国都城。在今印度北方邦北部，拉普底河南岸。相传为释迦牟尼长年居留说法的地方。佛教史上著名的祇园精舍即在此地。据说拘萨罗国富商给孤独长者曾用金钱铺地的代价购得波斯匿太子祇陀在舍卫城南的花园，作为释迦牟尼在舍卫国说法、驻留的场所。祇陀太子为这

一举动所感动，亦将园中的林木捐献给释迦牟尼，故也称“祇树给孤独园”。

④十恶八邪：十恶，又名十不善，即杀生（指断害一切众生之物命）、偷盗（指窃取他人一切财物）、邪淫（谓非己妻妾，而行欲事）、妄语（指好造虚言诳惑他人）、绮语（指乖背真实，巧饰言辞，令人好乐）、恶口（指言语粗犷，毁辱他人，令其受恼）、两舌（指向此说是，向彼说非；或向彼说此，向此说彼，而使彼此产生矛盾）、贪欲（指于顺情之境，贪着乐欲，心无厌足）、嗔恚（huì）（于违情之境，不顺己意，心生忿怒）、愚痴（指拨无因果，行邪见道心，无正信）。十恶为招苦果之业因，故也称“十恶业”。八邪，是指与八正道相反的八种邪道，即邪见、邪思惟、邪语、邪业、邪命、邪精进、邪念、邪定。

⑤愆（qiān）：罪过。

译文

韦刺史又问道：“弟子见到无论是出家僧侣还是在家信众都时常口念‘阿弥陀佛’的名号，发愿往生西方极乐世界。请大和尚为我解说，这些人能往生西方极乐世界么？希望您能为我破解疑惑。”

惠能大师说：“韦刺史您请听好，惠能来为您解说。当时释迦牟尼佛在印度的舍卫城中，宣说西方极乐世界的经文引导度化众生。经文中说的很清楚，西方极乐世界距离我们所在的娑婆世界并不遥远。倘若从远近距离的相状来看，有十万八千里之远，但是从我们自性来说，这十万八千里其实讲的是我们身心中十恶八邪的障碍，从这个角度来看，就是遥不可及。实际上，说远是针对下等根器的人而言的；说近是针对上等根器的人而言的。

“世间之人固然有根器高低之分，但是佛法却没有什么分别。只是因为愚迷和开悟之间的区别，所以识见本心才有快和慢的区别。愚笨迷昧的人整日念佛，希望能够往生西方极乐世界；开悟智慧的人则清净自我本心。所以佛祖有言：‘随着自己本心的清净，佛土也就自然清净了。’

“韦刺史，您是东方人，只要本心清净即使身在东方也可以没有罪过；即使是西方人，假如其心不净，虽然身在西方也一样有罪过的啊。如果东方人造了罪业，可以持名念佛希望往生西方极乐世界，那么西方人如果造了罪业，又要持名念佛往生何国呢？”

经文

“凡愚不了自性，不识身中净土，愿东愿西；悟人在处一般。所以佛言：‘随所住处恒安乐。’使君心地但无不善，西方去此不遥；若怀不善之心，念佛往生①难到。今劝善知识，先除十恶，即行十万；后除八邪，乃过八千。念念见性，常行平直，到如弹指②，便睹弥陀。

“使君但行十善③，何须更愿往生？不断十恶之心，何佛即来迎请？若悟无生顿法，见西方只在刹那；不悟念佛求生，路遥如何得达？惠能与诸人移西方于刹那间，目前便见，各愿见否？”

众皆顶礼④云：“若此处见，何须更愿往生！愿和尚慈悲，便现西方，普令得见。”

注释

①往生：往弥陀如来的极乐净土，谓之往；化生于彼土莲花中，谓之生。偶命终时生于他方世界。通常又以“往生”为“死”之代用词。

②弹指：“指”是手指，“弹指”就是捻弹手指作声的动作。

这原本是印度的一种风俗，用以表示欢喜、赞叹、警告、许诺、觉悟、招唤、敬礼、祝咒等。但是在佛教中，“弹指”被应用的更为广泛的是作为一个时间量词，出自于《僧祇律》：“一刹那者为一念，二十念为一瞬，二十瞬为一弹指，二十弹指为一罗预，二十罗预为一须臾，一日一夜有三十须臾。”让我们换算一下，那就是：一日一夜 = 30 须臾 = 1.2 万弹指 = 24 万瞬间 = 480 万刹。佛家常用来比喻时光的短暂。

③十善：指十种善业，与“十恶”相对，即不杀生、不偷盗、不邪淫、不妄语、不两舌、不恶口、不绮语、不贪、不嗔、不痴。

②顶礼：双膝下跪，两手伏地，以头顶尊者之足，是佛教徒最崇敬的礼节。

译文

“那些平凡愚迷的人不能体悟自己的自心本性，不能认识到自身中即存有净土，还在那里祈愿往生东方，或者往生西方；那些真正体悟了自己的自心本性的人，无论身在何方，都是一样的，没有什么分别。所以佛祖有言：‘随住其身所处的地方而恒常安祥欢乐。’只要韦刺史您的心中并没有生起任何不善的念头，那么西方极乐世界距离您并不遥远，如果您的心中怀有不善的念头，那么即使时时刻刻持诵佛号也无法往生西方极乐世界。现在，我想先奉劝一下各位善知识，先消除心中的‘十恶’，这样便仿佛行走了十万里路；再去除心中的‘八邪’，这样就又经过了八千里，这不是就走完了这十万八千里的距离了吗？只要我们无论是前念、今念、后念，每一念想都能识见本心真性，我们的内心总能保持恒常持久的清净与平直，那么西方极乐世界便弹指即到，便能够亲身见到阿弥陀佛了。

“韦刺史，您只要心行‘十善’，不作‘十恶’，又何必再发愿往生西方极乐世界呢？如果心中不断除‘十恶’，又有什么佛能够来接引你往生西方呢？如果能够体悟这‘不生不灭’的顿教法门，刹那之间便能见到西方极乐净土；如果不能真正体悟这本心真性，而靠持名念佛以求往生西方，路途有十万八千里之遥远，又如何可能到达？现在惠能我想把西方极乐世界刹那之间移到各位面前，让你们马上就能见到，各位希望见到吗？”

众人皆向惠能大师行大礼，都说：“如果在此处就能见到极乐净土，我们又何必发愿往生西方呢？还愿和尚大发慈悲，令西方极乐净土出现眼前，让我们大家都可以看到。”

经文

师言：“大众！世人自色身①是城，眼耳鼻舌是门。外有五门，内有意门。心是地，性是王。王居心地上，性在王在，性去王无。性在身心存，性去身心坏。佛向性中作，莫向身外求。

“自性迷即是众生，自性觉即是佛。慈悲即是观音②，喜舍名为势至③。能净即释迦，平直即弥陀。人我④是须弥⑤，贪欲是海水，烦恼是波浪，毒害是恶龙，虚妄是鬼神，尘劳是鱼鳖，贪瞋是地狱，愚痴是畜生。

“善知识！常行十善，天堂便至。除人我，须弥倒；去贪欲，海水竭；烦恼无，波浪灭；毒害除，鱼龙绝。自心地上觉性如来，放大光明，外照六门清净，能破六欲诸天⑥；自性内照，三毒即除，地狱等罪，一时销灭，内外明彻，不异西方。不作此修，如何到彼？”

注释

①色身：指有形质的身体，即由四大等色法所组成的肉身。四大，指的地大、水大、火大、风大。其中，地以坚硬为性，水

以潮湿为性，火以温暖为性，风以流动为性。因为世间的一切有形物质，都有坚、湿、暖、动四种性质，所以称为“四大”。

②观音：观世音菩萨的简称。《法华经》说：“众生受诸苦恼，闻是观世音菩萨，一心称名，观世音菩萨，即时观其声音，皆得解脱，以是名‘观世音’。”观世音在中国又称“观音”，这是因为要避唐太宗李世民的讳，将“世”隐去，而变成观音的。据说观世音菩萨现于西方极乐世界，是阿弥陀佛的辅佐、西方三圣中的一尊。协助阿弥陀佛，接引众生往生西方极乐世界，使一切众生永远离苦恼、得安乐。观世音以大悲心观照世间众生，而现身说法，大悲救苦，成就了与佛平等的功德。观音菩萨的信仰千百年来早已广泛流传，曾出现了“家家弥陀佛、户户观世音”的胜景，其也成为大乘佛教慈悲救世精神的体现。

③势至：大势至菩萨的简称，西方三圣中的一尊，侍于阿弥陀之右胁，主佛之智门者。因此菩萨之大智至一切处，故名大势至。

④人我：人通常会固执地认为有一个恒常主宰自我的实体，从而产生“人、我之见”，由此会产生出因为执著于人我之别而带来的种种过失。

⑤须弥：山名。译为妙高山，此山是由金、银、琉璃、水晶四宝所成，所以称“妙”，诸山不能与之比高，所以称“高”。在佛教中，须弥山是一小世界之中心，山形上下皆大，中央独小，四王天居于山腰四面，忉利天在山顶，山根有七重金山，被七重香水海所环绕，在金山之外有咸海，咸海之外有大铁围山，四大部洲就在咸海的四方。本文中用须弥来形容人我执障碍之大。

⑥六欲诸天：欲界有六重天，叫做六欲天：一是四王天，有持国、广目、增长、多闻四王，故名四王天。二是忉利天，译为三十三天，帝释天为中央，四方各有八天，故从天数来说叫三十

三天。三是夜摩天，译为时分，因其“时时唱快乐”，故名。四是兜率天，译为喜足，因为五欲之乐生喜足之心，故名。五是乐变化天，因为五欲之境自乐变化，故名。六是他化自在天，因为五欲之境使他自在变化，故名。其中，四王天在须弥山之半腹，忉利天在须弥山之顶上，因而称为地居天，兜率天已上住在空中，因而称之空居天。

译文

惠能大师说：“各位施主，世间众人自己的肉身就好比一座城堡，眼、耳、鼻、舌等就像是城门。外面有五扇门，里面还有一扇意念门。本心好比大地，真性好比国王。国王居住在本心大地之上，自性在，国王就在，失去自性，国王也就不存在了。自性存在，身心就存在，自性没有了，身心也就随之毁坏了。因此，想要成佛就要向自性中去努力体悟，而不要向身外去求得。

“如果自性被无明所迷蒙，那就是众生；如果觉悟了自己的真性，当下便是佛。如果能怀有慈爱悲悯众生之心，那么即刻就是观音菩萨；如果能够乐于施舍利乐有情，那么便是大势至菩萨。能够自净本心，见自真性的就是释迦牟尼佛；能够破除分别，纯一直心的就是阿弥陀佛。而相反，如果内心中执著于人我见的分别，那么我们通往成佛道路上的障碍就如同须弥山一般高广；心中存有的贪念就好比无穷无尽的大海，也就是生死苦海，随之而来的烦恼就如同海水中的波浪，一刻也不停息；毒害他人之心就好比凶猛的恶龙，虚妄的心念像鬼神般出没不定；尘世间的劳碌奔波仿佛鱼鳖一样穿梭不停，心念被贪欲、嗔怒所束缚，就像是在地狱中煎熬一般，只要愚昧的心念不灭，就会如同畜生般无知生存。

“各位善知识，只要大家能够时常奉行‘十善’，天堂就在眼前。将人我见的执著去除，须弥般广大的障碍便当即倒下；去除贪念的欲望，生死苦海之水马上就会干竭；能够不生起无明烦恼，波浪也随之平静；消除了毒害他人之心，无论多么凶猛的恶龙和鱼鳖也一同尽绝。也就是说，无论是须弥、海水、波浪、恶龙、鬼神、鱼鳖，这一切阻碍我们修成佛道的障碍都会随着自妄心的寂灭和内心的清明而消失。我们从自心大地觉性如来，随时随地放大光明，对外照耀眼、耳、鼻、舌、身、意六门，将四天王天、忉利天、夜摩天、兜率天、乐变化天、他化自在天六欲重天全部破除。若能用自我真性向内反观自照，贪、嗔、痴三毒立即消除，地狱等罪业也会当下立刻消失。由此，无论是内心还是外身，都同样光明清澈，与西方极乐世界没有差别。如果不这样修行，又如何能够到达西方极乐世界呢？”

经文

大众闻说，了然见性，悉皆礼拜，俱叹：“善哉！”唱言：“普愿法界众生，闻者一时悟解。”

师言：“善知识！若欲修行，在家亦得，不由在寺。在家能行，如东方人心善；在寺不修，如西方人心恶。但心清净，即是自性西方。”

韦公又问：“在家如何修行？愿为教授。”

师言：“吾与大众说《无相颂》，但依此修，常与吾同处无别。若不依此修，剃发出家，于道何益？”颂曰：

“心平何劳持戒[1]，行直何用修禅？
恩则孝养父母，义则上下相怜。
让则尊卑和睦，忍则众恶无喧。
若能钻木出火，淤泥定生红莲。
苦口的是良药，逆耳必是忠言。

改过必生智慧，护短心内非贤。

日用常行饶益[2]，成道非由施钱。

菩提只向心觅，何劳向外求玄。

听说依此修行，西方只在目前。“

师复曰：“善知识！总须依偈修行，见取自性，直成佛道。时不相待，众人且散，吾归曹溪。众若有疑，却来相问。”

时，刺史官僚，在会善男信女[3]，各得开悟，信受奉行。

注释

①持戒：六度之一，指受持佛所制的戒律。

②饶益：指使人受利。

③善男信女：“善”系对信佛闻法而行善业者的美称。“善男信女”是对善男子、善女子的简称，原指归依佛教的男女，后来泛指信佛的良家男女。佛典中常用此称呼在家信徒。

译文

大家听了惠能大师的开示，了然识见自我本性，都向大师礼拜，同声赞叹道：“善哉！真是太好了！”一同唱诵说：“但愿普天之下的法界众生们，听到的人都能够当下觉悟理解。”

惠能大师说：“各位善知识，如果想要修行，在家里同样可以，不一定非要在寺庙里啊。如果能够在家中坚持修行，就好比那些身在东方心存善念的人，同样可以觉悟；如果来到寺院里，却没有修行，就好比那些身在西方却心存恶念的人，即使在西方也觉悟不了佛道。只要能够内心清净，那么当下便是自性西方！”

韦璩刺史又问：“那么，在家中我们应该如何修行呢？还请大师指示教授。”

惠能大师说：“我为大家演说一首《无相颂》，只要依照这个偈颂坚持修行，就如同和我在一起没有分别。如果不依照这首偈颂修行，那么即使剃度出家，对于修行菩提大道又有什么益处呢？”

这首颂词说道：“倘若自心平和无别，又何必去持戒呢？倘若心行能够纯一直心，又何必需要修行禅定呢？倘若懂得报恩，自然会孝顺赡养父母；倘若深明义理，自然会对上级讲忠义，对属下讲情义，无论上下都会相互体恤怜悯。倘若懂得谦让，那么无论身份尊贵还是卑下，大家都会和睦相处；倘若懂得忍耐，那么面对一切恶言、恶语、恶行，都会终究在沉静中得以化解。

“只要拥有像钻木取火一样锲而不舍、持之以恒的精神去修持顿教无上法门，那么一定可以犹如淤泥中生出红莲一般将清净本心在无明虚妄的障碍中显现出来。好药大多是苦的，但却有利于治病；而教人从善的语言一定是不太动听的，但有利于人们改正自身的缺点。只要能够改正我们自身所有的罪业过错，一定能够生出般若智慧；如果只想为自己的缺点过失进行辩护，那么这种心态就不是圣贤的心态了。我们在日常生活中，应当时常利益有情众生，但是，要想成就佛道，却不是单靠施设钱财就能达到的。

“菩提之路只能向自心寻觅，又何必劳烦的向身外寻求呢？假如听到这首偈颂，能够按照上面的说法坚持修行，那么西方极乐净土即刻便在眼前。”

惠能大师接着说：“各位善知识，你们一定都要按照这首偈颂坚持修行，各自观照自己的本心真性，那么便可以成就佛道了。佛法修行不可拖延，大家暂且散去吧，我也要返回曹溪了。大家如果还有疑问，请到曹溪来问我好了。”

这时，韦璩刺史和其他官僚部署，以及参加法会的善男信女们，都各自心生开悟，对惠能大师所讲说的顿教法门诚信接受，并决心尊奉行持。

定慧第四

导读

定为禅定，慧为智慧。“定慧品”记述了惠能大师对众人开示定与慧的关系，一行三昧的真义，以及南宗顿教法门的宗、体、本。关于定与慧的关系，惠能大师开示道：“定慧一体，不是二。定是慧体，慧是定用。”指出了世间那些认为应该先进入禅定，再生发智慧，或者先生发智慧，再进入禅定，将定、慧割裂的思想是不正确的。并进一步用灯与光的譬喻强调了定与慧“名虽有二，体本同一”的一体关系，主张修行时不可偏于一端。关于“一行三昧”，是传统佛教重要的修行法门，惠能大师在此强调，不要执著于“一行三昧”法门的名相。“常坐不动，妄不起心”，不是一行三昧；“看心观静，不动不起”，也不是一行三昧。所谓“一行三昧”，关键是要在一切日常生活中，无论是行走坐卧，都恒常保持一颗真实清净的直心。接着，惠能大师又指出了南宗顿教法门，以“无念为宗，无相为体，无住为本”。所谓无相，“于相而离相”；所谓“无念”，于念而无念；所谓“无住”，于世间善恶好丑等，视为空，不思酬害，于诸法上，念念不住，是人之本性。并最终强调人的真如佛性，是恒常自在的，再次引导众人返归本心，自识本性。

经文

师示众云："善知识！我此法门，以定慧[①]为本，大众勿迷，言定慧别。定慧一体，不是二。定是慧体，慧是定用[②]，即慧之时定在慧，即定之时慧在定。若识此义，即是定慧等学。诸学道人，莫言：'先定发慧，先慧发定，各别。'作此见者，法有二相。口说善语，心中不善，空有定慧，定慧不等。若心口俱善，内外一如，定慧即等。自悟修行，不在于诤[③]。若诤先后，即同迷人。不断胜负，却增我法，不离四相[④]。

"善知识！定慧犹如何等？犹如灯光。有灯即光，无灯即暗。灯是光之体，光是灯之用。名虽有二，体本同一。此定慧法，亦复如是。"

注释

①定慧：定指禅定，慧指智慧，也是三学中的二学。收摄散乱的心意为"定"，观察照了一切的事理为"慧"。

②定是慧体，慧是定用：这里主要解释"体""用"二字。"体用"是一对中国传统文化的原创性范畴，在某种意义上讲，中国传统文化思想特质与思维表意模式就是一种体用模式。体用范畴大概可以分析为四大关系：一是质能关系，二是常变关系，三是本末关系，四是实幻关系。佛教中的体用关系超不出这几个范畴。佛教中一般以真如法身为体，现相应身为用，体用就是由真如法身之体所生起的种种应化众生的妙用。《法华文句》有："体即实相，无有分别。用即立一切法，差降不同，如大地一生种种芽。"

③诤：指争执、纷争。

④四相：指我相（计五蕴为我）、人相（计我为人）、众生相（计我为众生）、寿者相（计我一世之寿命）。

译文

惠能大师开示众人说："各位善知识，我所讲说的顿教无上法门，是以'定慧'为根本的，大家千万不要迷惑，认为定和慧是有区别的。其实定慧是一体的，并无二质。禅定是智慧的本体，智慧是禅定的妙用。即智慧显现的时候，禅定蕴含在智慧当中；进入到禅定中的时候，智慧蕴含在禅定之中。如果能够认识到这个道理，那么定慧无二的道理也就清晰明了。诸位修学佛法的同仁，可不能有'先进入禅定，再生发智慧，或者先生发智慧，再进入禅定，禅定和智慧是两种不同的状态'的想法，倘若有这种想法，就会认为佛法也有两种相状。如果口中说着善言善语，心中却有邪恶的念头，那么就是在空说定慧的假名，而没有将定慧视为一体对待。如果能够口中说善同时内心行善，做到心口不二、内外一致，定慧即为一体。自心觉悟修行，不在于争执，如果与他人争执孰先孰后，执著于此的话，就等同于迷昧不悟的人啊。断除不了胜负之心，又徒增'我执'之法，终究脱离不了我相、人相、众生相、寿者相四相的缠缚啊。

"各位善知识，定慧的关系又好比什么呢？就好比灯光。有灯就有光，灯熄灭了光也就暗了。灯是光的本体，光是灯体现出来的作用。名称虽然有灯和光两种名称，但是本质却本来是一样的。这禅定与智慧法门的关系，也是如此啊。"

经文

师示众云："善知识！一行三昧[①]者，于一切处行住坐卧，常行一直心是也。《净名经》云：'直心是道场[②]，直心是净土[③]。'莫心行谄曲[④]，口但说直，口说一行三昧，不行直心。但行直心，于一切法勿有执著。迷人著法相[⑤]，执一行三昧，直言常坐不动，妄不起心，即是一行三昧。作此解者，即同无情，却是障道因缘。

“善知识！道须通流，何以却滞？心不住法，道即通流；心若住法，名为自缚。若言常坐不动是，只如舍利弗⑥宴坐林中，却被维摩诘⑦诃。

“善知识！又有人教坐，看心观静，不动不起，从此置功。迷人不会，便执成颠，如此者众。如是相教，故知大错。”

注释

①一行三昧：指心专于一行而修习之正定，又作一三昧、一相三昧等，是传统禅修提倡的一种实相念佛教法。其中一行，指修行的人，要修的人要修行正定的法门，不可乱也；三昧就是定、正、受，心定于一处，正受所观之法。一行三昧就是以法界（真如、实相）为观想对象，心定于此，安心念佛。但是惠能在此给出了不同的解释。

②道场：原来是指释迦牟尼修成圣道的地方，位于中印度菩提伽耶的，菩提树下的金刚座。后来通常用来指修习佛法的场所，故道场可作为寺院的别名。

③净土：“土”即国土、世界。佛教认为，“土”是由“心”而现的，心秽则现“秽土”，心净则现“净土”。“净土”专指圣人所住的国土，相对于秽土而言，因为这种国土没有五浊的垢染，没有生死烦恼、污浊痛苦，因此也称为佛土、清净世界。佛经中提到的净土很多，如西方净土、弥勒净土、灵山净土、密严净土、琉璃净土等，其中影响最大的是西方净土，也就是西方极乐世界。

④谄曲：谄媚不正。

⑤法相：指诸法显现于外的相状。诸法性一而相万殊，由万

殊之相以言法，故曰“法相”。

⑥舍利弗：舍利弗，原名优婆底沙，全名为舍利弗多罗。关于舍利弗名字的由来，在《大智度论》里说：“摩陀罗王有一女，其眼酷似舍利鸟之眼，故名为舍利，下嫁帝沙，生有一子，取名为舍利弗。”因“弗多罗”三字译作子，故又称他为舍利子。幼时因受其博学多才的父亲及贤明之母的教养，所以精通百科技艺。他与朋友俱律陀，拥有弟子多人，声势相当浩大。一日，他遇着马胜比丘，得知释尊的盛名，即钦慕不已，遂率350余弟子，在竹林精舍归依佛陀，受具足戒，弟妹六人均出家，成为释迦弟子。此时因舍利弗的归依，使教团的势力大为扩张，佛陀誉他为法将。舍利弗因此而占诸弟子的首座，被称“智慧第一”。他先释尊入灭，当他觉得自己涅槃期近时，乃返回故乡，安坐一室，澄心静虑。传说未来他将以华光佛的称号，再来人间利益众生。

⑦维摩诘：早期佛教著名居士、在家菩萨，梵语意译为净名、无垢称，意思是以洁净、没有染污而著称的人。据《维摩诘经》讲，维摩诘是古印度毗舍离地方的一个富翁，家有万贯，奴婢成群。但是，他勤于攻读，虔诚修行，能够处相而不住相，对境而不生境，得圣果成就，被称为菩萨。维摩诘为诸大菩萨的代表。直心正念真如，亲证平等实相；见得一切众生心源，具足恒沙烦恼，无量功德。故起方便教化，使一切众生，除心源上之烦恼，显心源上之功德。维摩居士堪称是佛陀时代第一居士。

译文

惠能大师开示众人说：“各位善知识，所谓‘一行三昧’，就是在一切日常生活中，无论是行走还是站立，无论是坐着还是躺下，都要恒常保持一颗真实清净的直心。《净名经》说：‘直心就是修行的道场，直心就是西方极乐世界。’不要心中怀有谄媚邪曲的意念，口中却宣称要怀有直心；不要口中宣称要修行‘一行三昧’，心中却没有奉行直心。要想奉行直心，就要对一切世间现象和事物没有执著。迷昧的人执著于事物显现于外的相状，执著于所谓‘一行三昧’的名相，只是一味宣称只要恒常坐禅不动身，心中不产生虚妄的念头，就是‘一行三昧’。持这种见解的人，与那些无情草木一样，反而成了修行佛道的障碍。

“各位善知识，道必须是通达流畅的，又为何会被滞碍呢？如果心不执著于法，那么道就是通达流畅的；如果心执著于法，那就叫做自己被法所束缚、约束。如果提倡恒常坐禅不动身就是修行的话，那么只会像当年舍利弗在树林里恒常静坐一样，却遭到了维摩诘大居士的呵斥。

“各位善知识，又有人教人静坐修禅，看着自己的心观察它的静相，身体不动不起，从这里入手下功夫。迷昧的人不能体会这种修行的真实道理，却对此产生了执著之心，乃至癫狂，这样的人有很多。像这样的教导，是大错特错的啊！”

经文

师示众云：“善知识！本来正教，无有顿渐，人性自有利钝。迷人渐修，悟人顿契。自识本心，自见本性，即无差别。所以立顿渐之假名。

“善知识！我此法门，从上以来，先立无念①为宗②，无相③为体④，无住⑤为本⑥。无相者，于相而离相；无念者，于念而无念；无住者，人之本性。于世间善恶好丑，乃至冤之与亲，言语触刺欺争之时，并将为空，不思酬害⑦，念念之中，不思前境。若前念、今念、后念，念念相续不断，名为系缚⑧；于诸法上，念念不住，即无缚也，此是以无住为本。

“善知识！外离一切相，名为无相。能离于相，即法体清净。此是以无相为体。

“善知识！于诸境上心不染，曰无念。于自念上，常离诸境，不于境上生心。若只百物不思，念尽除却，一念绝即死，别处受生，是为大错。学道者思之，若不识法意，自错犹可，更误他人；自迷不见，又谤佛经。所以立无念为宗。”

注释

①无念：在前三品中，实际上我们已经分别接触过“无念”“无相”“无住”这三个概念，在此对这三个词再次进行集中注解，以便大家能够更好的理解本文大意。“无念”指无有妄念，是正念的别名，是剔除认知过程中隐含的“判断”，念头回到其本来面目，觉知的意思。

②宗：宗旨。

③无相：于一切相，离一切相，即是“无相”。

④体：本体。

⑤无住：世间万法没有自性，所以无所住著，随缘而生，因此称为“无住”。

⑥本：根本。

⑦酬害：酬谢与报复。

⑧系缚：是烦恼的别名，因为烦恼就像绳子一样能束缚住世人的身心，使不得自在，故名“系缚”。

译文

惠能大师开示众人说：“各位善知识，本来真正的佛法，是没有顿、渐之别的。只是由于人的根性不同，才有了所谓的利根智慧的人和钝根愚笨的人。愚笨迷昧的人通过渐次修行，而智慧觉悟的人当下就能契悟旨意。只要能够识见自己的清净本心、真如本性，其实无论渐修还是顿悟，都是没有差别的。所谓顿教、渐教，只是为了开示不同根性的人所建立的假名而已。

“各位善知识，我所宣讲的顿教法门，从佛祖到历代祖师直至现在，都是先立无念为宗旨，无相为本体，无住为根本的。所谓无相，就是基于一切相状而又远离一切相状；所谓无念，就是生起念想而又不执著于任何念想；所谓无住，乃是人的本性。对于人世间一切善、恶、美、丑，乃至冤家或者亲友，在言语上发生触犯、刺激、欺骗或者争论的时候，都能把这一切视为空幻，并不产生报复伤害的念想，在一念过去，一念又生起，念念不断的过程中，不去思量过去的恩怨得失，不被前念所牵绊。如果过去的念头、当下的念头、以后的念头，念念相续，其中思量没有中断，就叫做自我系缚；如果对于世间一切法相，无论是前念、今念还是后念，念念都没有执著，那就是没有系缚了。以上就是以无住为根本了。

“各位善知识，对外远离一切现象和事物，称为无相。如果能够远离这些现象和事物的相状，法体便能清净无染。这就是以无相为本体。

“各位善知识，处于世间万事万物的境象中，内心却可以不被外境所染著，这就叫做无念。在自我生起的念想中，恒常远离一切外境，不在外境事物上产生念头。如果仅仅是对于一切事物都不思考，绝对地除去一切念想，一切念想断绝就会死亡，那些念想还会转到其他地方产生，这种修行方法是大错特错的。学习修行佛学的人要特别注意思考，如果没有认识到佛法的真实大意，自己错了也就罢了，但还会去误导别人。自己的本心被无明所迷无法照见，却又去毁谤了佛教经典。所以要以无念为宗旨。”

经文

“善知识！云何立无念为宗？只缘口说见性迷人，于境上有念，念上便起邪见。一切尘劳妄想，从此而生。自性本无一法可得，若有所得，妄说祸福，即是尘劳邪见。故此法门立无念为宗。

“善知识！无者，无何事？念者，念何物？无者，无二相，无诸尘劳之心；念者，念真如本性。真如即是念之体，念即是真如之用。真如自性起念，非眼耳鼻舌能念。真如有性，所以起念；真如若无，眼耳色声当时即坏。

“善知识！真如自性起念，六根虽有见闻觉知，不染万境，而真性常自在。故经云：‘能善分别诸法相，于第一义[①]而不动。’”

注释

①第一义：指至高无上的义理。以名究竟之真理，是为最上，故云第一。

译文

“各位善知识，为什么说要以无念为宗旨呢？那是因为那些口中宣称已经识见本性，但是实际上并未开悟的迷悟之人，对于外境事物实际怀有执著心念，在这种念想上产生邪见。一切尘劳妄想，都是从这里产生的。自我本性原本存在，不是通过任何具体修行法门所求得的，如声称有所得，那一定是在妄说祸福果报，就是尘劳邪见。所以这一法门要以无念为宗旨。

“各位善知识，那么，所谓无，是没有什么呢？所谓念，又是念想什么呢？无，是指没有二元对立的分别之相，没有种种尘劳妄心；念，是指真如本性。真如是念的本体，念是真如发挥的种种妙用。真如自性所产生的正念，不是眼耳鼻舌所能生起。真如本性是自我所具有的本心自性，所以能够产生正念；如果没有真如本性，那么眼耳等感觉器官所感受到的色声等功能当下就会消失。

“各位善知识！真如自性所产生的正念，眼耳鼻舌身意这六根虽然能够看到、听见、感觉、了解，但是不会被世间一切外缘万境所染著，因而真如本性是恒常自在的。所以佛经说：‘真如佛性虽然能够善于分别种种事物和现象，但是在至高无上的第一义上，却是如如不动的。’”

坐禅第五

导读

在本品中，惠能大师对那些执著于固守本心、观想净相的枯木坐禅的方法给予了批评，直言单纯的枯坐或者守定是成就不了佛道的。进而详细讲解了坐、禅、定这三个概念，对传统的坐禅、禅定做了重新的界说。何为坐？“外于一切境上不起念为坐”；何为定？“内不乱曰定”；何为禅？“外离相曰禅”“内见本性不乱为禅”。在《坛经》之前，禅、定、坐禅等概念几乎是混为一谈的。惠能大师在这里特意言明了这几者之间的关系，应当说，是从这时开始，这三个原本模糊不清的概念才被赋予了明确的划分。最终再次强调了“自见本性清净，自修自行，自成佛道”的真理。

经文

师示众云：“此门坐禅①，元②不著心，亦不著净，亦不是不动。若言著心，心元是妄，知心如幻，故无所著也；若言著净，人性本净，由妄念故，盖覆真如，但无妄想，性自清净。起心著净，却生净妄，妄无处所，著者是妄。净无形相，却立净相，言是工夫，作此见者，障自本性，却被净缚。

“善知识！若修不动者，但见一切人时，不见人之是非善恶过患，即是自性不动。

“善知识！迷人身虽不动，开口便说他人是非长短好恶，与道违背。若著心著净，即障道也。”

注释

①坐禅：就是趺坐而修禅，是佛教修持的主要方法之一。

②元：通“原”。

译文

惠能大师开示众人说：“我们所说的‘坐禅’法门，原本不是执著于固守本心，也不是执著于观想净相，也不是恒久枯坐身体不动。如果说是固守本心，心念原本就是虚妄的，了解心念虚妄不实的道理，所以没有什么可以执著固守的。如果说是执著于观想净相，诸人自性本来清净，只是因为被无明妄念所覆盖遮蔽了真如本性，只要无明妄想消失，清净自性自然会显现出来。如果执著于观想净相，却又生出了一个对‘清净’名相的妄念，这种妄念原本是没有处所的，执著于‘清净’名相便使妄念有了处所而生；‘清净’原本是没有形相的，却为‘清净’建立了一个观想的相状，将观想心念，照看清净视为一种修行的工夫。持这种观点的人，其实也被无明障碍了自己的真如本性，却是被自己所执著的‘清净心念’的相状所束缚啊。

“各位善知识，如果是要修行真正的不动法门，只要见到一切人，不会看到他人的是非善恶过错，心念不会随之烦扰，这就是自性如如不动的真实意义啊！

“各位善知识！迷昧的人坐禅，身体虽然长坐不起不动，但是一旦开口说话，便说的是他人的是非、长短、好恶，这是与真正的修道恰好相违背的。如果执著于固守本心、观想净相，就反而成了修道的障碍了啊！”

经文

师示众云："善知识！何名坐禅？此法门中，无障无碍。外于一切善恶境界，心念不起，名为坐；内见自性不动，名为禅。

"善知识！何名禅定？外离相为禅，内不乱为定。外若著相，内心即乱；外若离相，心即不乱。本性自净自定，只为见境，思境即乱。若见诸境心不乱者，是真定也。

"善知识！外离相即禅，内不乱即定。外禅内定，是为禅定。《菩萨戒经》云：'我本元自性清净'。

"善知识！于念念中，自见本性清净，自修自行，自成佛道。"

译文

惠能大师开示众人说："各位善知识，那么什么叫做'坐禅'呢？在这一法门中，无障无碍，身处一切无论善或恶的外境之中，不起心动念，就叫做'坐'；对内能够识见自性、如如不动，就叫做'禅'。

"各位善知识，那么什么叫做'禅定'呢？于外能够远离一切分别事相，就叫做'禅'；于内能够摄心于安，真心如如不动，就叫做'定'。如果在外执著于外境事相，内心就会纷乱不安；如果对外能够远离一切外境事相，内心就不会纷乱。人的自性本心原本就是清净和安定的，只是因为被外境诸多事相所染著而起心动念思虑于外境事相而造成的纷乱不安。如果能够身处外境事相中，内心却丝毫不受影响，如如不动，安定不乱，那就是真定了。

"各位善知识，于外能够远离一切分别事相，就叫做'禅'；于内能够摄心于安，真心如如不动，就叫做'定'。外禅而内定，

这就是‘禅定’。《菩萨戒经》有云：‘自我本心原本就是自性清净的。’

“各位善知识，如果能够在无论是前念、今念还是后念的每一念中，自己照见本心真性清净无染，自修自行，自然就能够成就佛道。”

忏悔第六

导读

“忏”为发露悔过过去所作的旧恶，“悔”为知错以后发誓不再作，合之而为“忏悔”。“忏悔品”记述了惠能大师向来自广州、韶州以及四面八方的求法者传授佛法的过程。在本品中，惠能大师向大家讲述了“自性五分法身香”、“无相忏悔”、“四弘誓愿”、“无相三归依戒”、“一体三身自性佛”的法门。“自性五分法身香”，分别是戒香、定香、慧香、解脱香和解脱知见香，修行这自性五分法身香，关键是要“各自内熏，莫向外觅”。关于忏悔，惠能大师指出，凡夫俗子们愚痴迷昧，只知道忏其前愆，而不知悔其后过。因为不悔，所以“前愆不灭，后过又生”，因此忏悔之法，不可只忏而不悔。接下来，大师又带领大家发了四弘誓愿，即自心众生无边誓愿度、自心烦恼无边誓愿断、自性法门无尽誓愿学、自性无上佛道誓愿成。任何一个虔诚的佛教信徒，都要归依佛、法、僧三宝，而惠能大师在这里向大家介绍了具有创造性的“无相三归依戒”，对佛、法、僧做了“自性三宝”的全新诠释：“佛者，觉也；法者，正也；僧者，净也。”归依佛、法、僧一转而变为归依觉、正、净。向外觅求的身外三宝也一转变成了回心内求的自性三宝。最后，惠能大师介绍了何为“一体三身自性佛”：即要“归依清净法身佛”、“归依圆满报身佛”、“归依千百亿化身佛”。而这“向者三身佛，在自性中，世人总有”。“此三身佛，从自性生，不从外得。”再次强调了要向自性用功，而不能向外觅求的道理。最后一首《无相颂》，实际上是对关于福报、忏悔、自性三归依等法门的总结，句句指向禅宗顿教法门的根本真理——明心见性才是真修行。

经文

时，大师见广韶[1]洎[2]四方士庶，骈集[3]山中听法，于是升座告众曰："来，诸善知识！此事须从自事中起。于一切时，念念自净其心，自修自行，见自己法身，见自心佛，自度自戒，始得不假到此。既从远来，一会于此，皆共有缘。今可各各胡跪[4]，先为传自性五分法身香[5]，次授无相忏悔[6]。"众胡跪。

注释

①广韶：指广州和韶州。

②洎（jì）：及。

③骈（pián）集：聚集。

④胡跪：原是西域少数民族半蹲半跪的一种姿态，后来演变为一种佛教礼节。指古代僧人跪坐致敬的礼节，右膝着地，竖左膝危坐，倦则两膝姿势互换，因而又称"互跪"。

⑤五分法身香：简称五分香，即戒香、定香、慧香、解脱香、解脱知见香。这是以香来譬喻五分法身。什么五分法身呢？以五种的功德法，成就佛身，就叫做"五分法身"。(1) 戒法身，谓如来三业，离一切的过失。(2) 定法身，谓如来真心寂灭，离一切的妄念。(3) 慧法身，谓如来真智圆明，通达诸法的性相。(4) 解脱法身，谓如来的身心，解脱一切的系缚。(5) 解脱知见法身，谓如来具有了知自己实已解脱的智慧。

⑥忏悔：忏是发露悔过过去所作的旧恶，悔是知错以后发誓

不再作。

译文

当时，惠能大师看到广州、韶州以及来自四面八方的学士、平民，都聚集到曹溪山聆听佛法，于是高升座次，对众人们说："诸位善知识，你们请过来啊，修行佛法这件事，必须要从自性中做起，要在每一时刻，每一念中都自己清净本心，自修自行，来识见自己具有法性理体，自己的本心具有真如佛性，自己度脱，自己持戒，才算不虚此行。既然大家都从远方而来，一起相会在这个地方，都算得上是有缘之人。现在大家可以各自胡跪，我先为大家传授'自性五分法身香'，再传授'无相忏悔'。"众人们纷纷依礼跪下。

经文

师曰："一戒香，即自心中无非、无恶，无嫉妒、无贪瞋、无劫害，名戒香。二定香，即睹诸善恶境相，自心不乱，名定香。三慧香，自心无碍，常以智慧观照自性，不造诸恶。虽修众善，心不执著，敬上念下，矜恤孤贫，名慧香。四解脱香，即自心无所攀缘①，不思善，不思恶，自在无碍，名解脱香。五解脱知见香，自心既无所攀缘善恶，不可沉空守寂，即须广学多闻，识自本心，达诸佛理，和光接物②，无我无人，直至菩提，真性不易，名解脱知见香。

"善知识！此香各自内熏③，莫向外觅。今与汝等授无相忏悔，灭三世罪，令得三业④清净。"

注释

①攀缘：指抓住或依附他物而移动、延伸。在佛教中，是攀取缘虑，依附外境，心随外境而转的意思。

②和光接物：和光，即和其光同其尘的意思，指与尘俗之人共处时要有谦和明智的态度，接物即待人接物的意思，亦即人与人之间的交际。

③内熏：相对“外熏”而言。在众生心中，都有本觉之真如。这一本觉之真如，若熏习无明，使妄心厌恶生死的痛苦，而祈求涅槃之快乐，这种情形就叫做“内熏”。而佛菩萨的一切教法，以及行者自身的修行，这些都叫做“外熏”。

④三业：指身业、口业、意业。身业即身之所作，如杀生、偷盗、邪淫、酗酒等事是；口业即口之所语，如恶口、两舌、绮语、妄语等之言语是；意业即意之所思，如贪、嗔、痴等之动念是。另外，还有几种“三业”在此介绍。第一，指善业、恶业、无记业。善业是良善的行为造作；恶业是恶劣的行为造作；无记业是非善非恶无可记别的作业。第二，指漏业、无漏业、非漏非无漏业。漏业是有烦恼的作业，可召感分段生死的果报，乃凡夫的作业；无漏业是无烦恼的作业，可召感方便有余土的果报，乃二乘人的作业；非漏非无漏业可召感实报土的果报，乃菩萨的作业。第三，指顺现受业、顺生受业、顺后受业。顺现受业是此生造业此生就受果报；顺生受业是此生造业要在来生才受果报；顺后受业是此生造业要到二生以后才受果报。第四，罪业、福业、不动业，罪业就是罪恶之业，造了罪恶之业，将会堕落到三恶道中去受苦；福业就是福德之业，造了福德之业，将来就会招感人天的福报，享受世界上的福乐；不动业是就所修的禅定说的，如修四禅定，将来就会生到色界天去，如修四无色定，将来就会生到无色界天去，在色无色界天中，享受禅定之乐，不为外境所动，故名不动业。

译文

惠能大师说：“第一是‘戒香’，就是自己心中要没有是非、没有善恶、没有嫉妒、没有贪婪嗔怒、没有劫夺伤害，这就叫做戒香。第二是‘定香’，就是目睹种种善恶境相，自己内心不生烦乱，这就叫做定香。第三是‘慧香’，自己的本心无所滞碍，常常能用般若智慧观照自己的真如本性，不起造作种种恶行。虽然修行众多善事，在心中却不对这些事情有所执著。对长辈尊敬爱戴，对下属体念关怀，对孤苦贫困的人体恤怜悯，这就叫做慧香。第四是‘解脱香’，就是自己内心对外界一切境相要无所攀援，不思虑善，也不思考恶，自由自在无所滞碍，这就叫做解脱香。第五是‘解脱知见香’。虽然自己心中要不被外境所攀援，不为善恶所牵，但是也不能沉溺于虚空，枯守一片死寂，而要广博学习，增长见闻，识见自己的清净本心，通达一切佛教真理，待人接物谦和明智，无人我执，直至获得菩提正觉，真如本性永不易更，这就叫做解脱知见香。

“各位善知识，这五香各自向内熏习，不要向外寻觅。如今再向你们传授‘无相忏悔’，灭除过去世、现在世、未来世三世罪业，令你们的身、口、意三业能够得到清净。”

经文

“善知识！各随我语，一时道：弟子等，从前念、今念及后念，念念不被愚迷染。从前所有恶业、愚迷等罪，悉皆忏悔，愿一时销灭，永不复起。弟子等，从前念、今念及后念，念念不被骄诳染。从前所有恶业、骄诳等罪，悉皆忏悔，愿一时销灭，永不复起。弟子等，从前念、今念及后念，念念不被嫉妒染。从前所有恶业、嫉妒等罪，悉皆忏悔，愿一时销灭，永不复起。

“善知识！已上是为无相忏悔。云何名忏？云何名悔？忏者，忏其前愆。从前所有恶业，愚迷、骄诳、嫉妒等罪，悉皆尽忏，永不复起，是名为忏。悔者，悔其后过。从今以后，所有恶业，愚迷、骄诳、嫉妒等罪，今已觉悟，悉皆永断，更不复作，是名为悔，故称忏悔。凡夫愚迷，只知忏其前愆，不知悔其后过。以不悔故，前愆不灭，后过又生，前愆既不灭，后过复又生，何名忏悔？”

译文

“各位善知识，请各自跟随我的话，一起说道：弟子们，前念、今念以及后念，每一念都不被愚痴迷昧所染著。从前所造作的所有恶业、愚痴、迷昧等罪孽，全部都忏悔，希望能够立刻都销毁覆灭，永远都不再复起。弟子们，前念、今念以及后念，每一念都不被骄傲诳妄所染著。从前所造作的所有恶业、骄傲、诳妄等罪孽，全部都忏悔，希望能够立刻都销毁覆灭，永远都不再复起。前念、今念以及后念，每一念都不被嫉妒所染著。从前所造作的所有恶业、嫉妒等罪孽，全部都忏悔，希望能够立刻都销毁覆灭，永远都不再复起。

“各位善知识，以上所说的就是‘无相忏悔’。那什么叫做忏？什么叫做悔呢？所谓忏，就是发露悔过过去所作的旧恶。从前所有的恶业、愚痴、迷昧、骄傲、诳妄、嫉妒等罪孽，全部都发露悔过，永远都不再复起，这就叫做忏。所谓悔，就是知错以后发誓不再作任何罪过。从今以后，所有的恶业、愚痴、迷昧、骄傲、诳妄、嫉妒等罪孽，如今都已经觉醒体悟，将罪孽根源全部断除，再也不会造作，这就叫做悔。以上所言，所以叫做忏悔。凡夫俗子，愚痴迷昧，只知道发露悔过过去所作的旧恶，却不知道知错以后发誓不再作任何罪过。因为不知道悔过发誓不再作任何罪过，所有前面所造作的恶孽之缘不断，后面的过失又会生起。既然前面所造作的恶孽之缘不断，后面的过失又会生起，又叫什么忏悔呢？”

经文

“善知识！既忏悔已，与善知识发四弘誓愿①，各须用心正听：自心众生无边誓愿度，自心烦恼无边誓愿断，自性法门无尽誓愿学，自性无上佛道誓愿成。

“善知识！大家岂不道‘众生无边誓愿度’？恁么道②，且不是惠能度。

“善知识！心中众生，所谓邪迷心、诳妄心、不善心、嫉妒心、恶毒心，如是等心，尽是众生。各须自性自度，是名真度。何名自性自度？即自心中邪见烦恼愚痴众生，将正见度。既有正见，使般若智打破愚痴迷妄众生，各各自度。邪来正度，迷来悟度，愚来智度，恶来善度。如是度者，名为真度。

“又‘烦恼无边誓愿断’，将自性般若智、除却虚妄思想心是也。又‘法门无尽誓愿学’，须自见性，常行正法，是名真学。又‘无上佛道誓愿成’，既常能下心③，行于真正，离迷离觉，常生般若，除真除妄，即见佛性，即言下佛道成。常念修行是愿力法。”

注释

①四弘誓愿：梵语僧那，译曰誓愿。诸佛有总愿、别愿，四弘誓愿为总愿，一切菩萨初发心时，必发此愿。以所愿广普故曰“弘”，自制其心故曰“誓”，志求满足故曰“愿”。关于四弘誓愿，有不同的说法，这里说的是比较通用的一种，即众生无边誓

愿度、烦恼无尽誓愿断、法门无量誓愿学、佛道无上誓愿成。此四弘誓愿是菩萨所立，凡是大乘行者皆宜牢记和实践。

②恁（nèn）么道：这么说。

③下心：去掉傲慢，虚心谦下。

译文

“各位善知识，既然已经向大家传授完了忏悔，现在传授各位善知识共同广发‘四弘誓愿’，各位必须正心诚意，听我所说：自己心中的众生之相无边无量，我发誓祈愿将其度脱；自己心中的烦恼之相无边无量，我发誓祈愿将其断除；自己心中蕴含的法门无穷无尽，我发誓祈愿将其修学；自性之中本来就有无上佛道，我发誓祈愿将其成就。

“各位善知识，大家不是都在说‘自己心中的众生之相无边无量，我发誓祈愿将其度脱’吗？那就不是我惠能来度化你们。

“各位善知识，自己心中的众生，所谓邪见心、迷昧心、诳妄心、不善心、恶毒心，如此这般等等，这些都是自己心中的众生相。每个人都必须运用真如自性，自己度脱自己，这才叫‘真度’。什么是自己运用真如自性度脱自己呢？那就是将自己心中的邪见、烦恼、愚痴等众生相，用正确的知见将它们度脱。既然有了正确的知见，运用般若智慧打破这些愚痴迷妄的众生相，各自度脱。邪见心生起运用正见来度脱，迷昧心生起运用觉悟来度脱，愚痴心生起运用智慧来度脱，恶毒心生起运用善心来度脱。像这样的度脱，就叫做真度。

“又有‘自己心中的烦恼之相无边无量，我发誓祈愿将其断除’，就是运用自性之中的般若智慧，破除虚妄思想之心；又有‘自己心中蕴含的法门无穷无尽，我发誓祈愿将其修学’，就是必须自己识见自性，恒常修行正确的教法，这就叫做真正的修学佛法；又有‘自性之中本来就有无上佛道，我发誓祈愿将其成就’，就是要恒常能够去掉傲慢，虚心谦下，行持真正的佛法正道，远离迷昧与觉悟两边，不执著于任何一边，心中时常生起般若智慧，破除对正见与妄见的执著，那就能够当下明见佛性，那就可以说当下就成就了佛道。大家应该时常思考修行这四弘愿的法门。”

经文

“善知识！今发四弘愿了，更与善知识授无相三归依[①]戒。

“善知识！归依觉，两足尊[②]；归依正，离欲尊；归依净，众中尊。从今日去，称觉为师，更不归依邪魔外道，以自性三宝[③]常自证明。劝善知识，归依自性三宝。佛者，觉也；法者，正也；僧者，净也。自心归依觉，邪迷不生，少欲知足，能离财色，名两足尊；自心归依正，念念无邪见，以无邪见故，即无人我贡高[④]，贪爱执著，名离欲尊；自心归依净，一切尘劳爱欲境界，自性皆不染著，名众中尊。若修此行，是自归依。凡夫不会，从日至夜，受三归戒。若言归依佛，佛在何处？若不见佛，凭何所归？言却成妄。

“善知识！各自观察，莫错用心。经文分明言自归依佛，不言归依他佛。自佛不归，无所依处。今既自悟，各须归依自心三宝。内调心性，外敬他人，是自归依也。”

注释

①三归依：又名三归，即归依佛、归依法，归依僧。归依佛是因为人们依靠佛陀的指示而得进入正道；归依法是因为人们依靠教义而求得真理；归依僧是因为我们依靠僧伽的引导而正信佛教。

②两足尊：是佛的尊号，因为在各种生命中，以具有两足的

人和天神最为尊贵，两足的有情中又以佛是最尊最贵者，因此众生之中，佛为至尊。又说佛福慧两足具足，故称两足尊。

③三宝：指佛宝、法宝、僧宝。一切之佛，即佛宝；佛所说之法，即法宝；奉行佛所说之法的人，即僧宝。佛者，觉知之义；法者，法轨之义；僧者，和合之义。

④贡高：自以为高人一等。

译文

“各位善知识，如今已经发完了四弘誓愿，再向各位善知识传授‘无相三归依戒’。

“各位善知识，归依觉，即会得到福报与智慧具足的尊严；归依正，就会有远离世间欲望的尊严；归依净，就会在众生中有至高尊严。从今天开始，要以觉为师，而不要归依那些邪魔外道，要以自性中的佛、法、僧三宝时常自我证悟清明本心。奉劝各位善知识，要归依自性佛、法、僧三宝。所谓佛宝，就是觉悟；所谓法宝，就是正见；所谓僧宝，就是清净。自心归依觉悟，邪见迷昧不再产生，欲望减少，知足常乐，能远离对财物和美色，这就叫做福报与智慧具足的‘两足尊’；自心归依正见，每一念都没有邪见，因为没有邪见的缘故，就不会有人我见，不会自以为高人一等，不会有贪爱和执著，这就叫做远离欲望的‘离欲尊’；自心归依清净，对于一切尘世间的爱憎欲望等外境，自性都不受沾染，这就叫做‘众中尊’。如果照此修行，就叫做‘自归依’。凡夫俗子不理解这个道理，从早到晚，日日夜夜，受所谓的三归依戒，但是都是向外寻找。如果说归依佛祖，那么佛祖又在哪里呢？如果都见不到佛的话，又凭什么说归依了佛呢？这样说归依佛，却成了妄语。

“各位善知识，请大家各自观察，不要用错了自心。经文说的很明白，是‘自归依佛’，而不是说要‘归依他佛’。自己本有的自性之佛都不归依，那就没有其他可以归依的地方了。如果大家既然已经自我体悟，各自必须归依自心所有的佛、法、僧三宝，也就是觉、正、净三宝。对内要调节心性，对外要尊敬他人，这就是自归依。”

经文

“善知识！既归依自三宝竟，各各志心，吾与说一体三身自性佛①，令汝等见三身，了然自悟自性。总随我道：于自色身，归依清净法身佛②；于自色身，归依圆满报身佛③；于自色身，归依千百亿化身佛④。

“善知识！色身是舍宅，不可言归。向者三身佛，在自性中，世人总有。为自心迷，不见内性，外觅三身如来，不见自身中有三身佛。汝等听说，令汝等于自身中，见自性有三身佛。此三身佛，从自性生，不从外得。”

注释

①一体三身自性佛：指归依自己色身内，自性具足之法身、报身、化身三身佛。

②法身佛：法身，佛三身之一，又名自性身，或法性身，是诸佛所证的真如法性之身。法性之体名法身，法性有觉知之德，故名佛。

③报身佛：报身，佛三身之一，此身是诸佛修福、修慧功德圆满时，所显现的自受用内证法乐之身，亦即完成佛果之身。

④化身佛：化身，佛三身之一，又名应化身，或变化身，是佛为了济度众生，根据众生不同的根机和需求，而变现出种种不同的身形，应机说法度众，故有千百亿无量无边的应化身。

译文

“各位善知识，既然已经归依了自性三宝，大家可以各自专心谛听，我向大家讲说‘一体三身自性佛’，让大家能够识见自性三身，能够了然自己体悟自性。请大家一起随我说道：于自色身，归依清净法身佛；于自色身，归依圆满报身佛；于自色身，归依千百亿化身佛。

“各位善知识，色身就像是房舍住宅，因此不能说归依色身。刚才我们所说的清净法身佛、圆满报身佛、千百亿化身佛，存在于自性之中，世间之人都拥有。由于人们自心被迷昧，无法识见内里的自性，而向外寻觅三身如来，却见不到自己身体中已经具足三身佛。大家请听我说，让你们在自己的身体中，看见自性中蕴含有三身佛。这三身佛，是从自性中生起的，而不是从外面觅得的。”

经文

“何名清净法身佛？世人性本清净，万法从自性生。思量一切恶事，即生恶行；思量一切善事，即生善行。如是诸法在自性中，如天常清，日月常明，为浮云盖覆，上明下暗，忽遇风吹云散，上下俱明，万象皆现。世人性常浮游，如彼天云。

“善知识！智如日，慧如月，智慧常明。于外著境，被妄念浮云盖覆自性，不得明朗。若遇善知识，闻真正法，自除迷妄，内外明彻，于自性中万法皆现。见性之人，亦复如是。此名清净法身佛。

“善知识！自心归依自性，是归依真佛。自归依者，除却自性中不善心、嫉妒心、谄曲心、吾我心、诳妄心、轻人心、慢他心、邪见心、贡高心，及一切时中不善之行，常自见己

过，不说他人好恶，是自归依。常须下心，普行恭敬，即是见性通达，更无滞碍，是自归依。”

译文

“什么叫做‘清净法身佛’？世间众人自性本来清净无染，一切万法都从自性中生起。如若思量了一切邪恶之事，就会生发出邪恶的行为；如果思量了一切善良之事，就会生发出善良的行为。这就是一诸法在自性之中，就好比天空恒常清澈，太阳和月亮恒常明亮，如果被浮云所覆盖了光明，便会上面虽然明亮下面却转入黑暗，忽然遇到一阵风来吹动浮云散去，上面和下面都呈现一片明亮，一切万象都呈现眼前。世间之人的自性常常处于浮动游走的状态，就好比天上的浮云一般。

“各位善知识，智如同太阳，慧如同月亮，智慧恒常明亮，但是如果对外境产生了执著，被无明妄念的浮云遮盖覆蔽了自性，就不得明朗。如果遇到一位体悟自性的善知识，听闻了真正的佛法，自己去除迷昧妄想，就会内外皆通明透彻，在自性中使一切万法得以显现。识见自性之人，也是如此。这就叫做清净法身佛。

“各位善知识，自心归依自我的真如本性，才是归依了真正的佛。自我归依自性的人，除却了自性中的不善心、嫉妒心、谄曲心、我执心、诳妄心、轻视他人之心、邪见心、自傲狂慢之心，以及时时刻刻所有的不善的行为，能够时常自己识见自己的过失，不去评论他人的好与坏，这就是自归依了。大家必须时常下定决心，对一切人和事都持恭敬之心对待，这就是识见自性通达畅通，无所滞碍，这就自归依了。”

经文

“何名圆满报身？譬如一灯能除千年暗，一智能灭万年愚。莫思向前，已过不可得；常思于后，念念圆明，自见本性。善恶虽殊，本性无二，无二之性，名为实性。于实性中，不染善恶，此名圆满报身佛。自性起一念恶，灭万劫善因；自性起一念善，得恒沙[1]恶尽。直至无上菩提，念念自见，不失本念，名为报身。

何名千百亿化身？若不思万法，性本如空，一念思量，名为变化。思量恶事，化为地狱；思量善事，化为天堂。毒害化为龙蛇，慈悲化为菩萨；智慧化为上界[2]，愚痴化为下方[4]。自性变化甚多，迷人不能省觉。念念起恶，常行恶道，回一念善，智慧即生。此名自性化身佛。”

注释

①恒沙：指恒河之沙，比喻数量之多。之所以以恒河为喻，一则因为恒河沙多，这是其他河流所不及的；二则因为恒河是佛生处、游行处；三则因为许多经书中皆将恒河视为福德吉河。若入其中洗者，诸罪垢恶、皆悉除尽。所以大家都敬畏恒河，以成共识；四则，其他河流的名字大多经过屡次变更，但是恒河的名字“世世不转”，因此以恒河沙为喻，不取余河。

②上界：指三界诸天，即欲界天、色界天、无色界天。

③下方：指三涂，即地狱、饿鬼、畜生之三恶道。

译文

“什么叫做‘圆满报身’？就好比一盏明灯能够去除千年来的黑暗，一刹智慧才能能够灭除万年来的愚痴。不要思虑过去的事情，已经过去的时光不可能再来；要时常思考今后的事情，每一念都保持圆满明净，自己识见清净本性。善良与罪恶虽然不同，但是从本性上来说并没有什么区别，这没有区别的本性，就叫做实性。在实性之中，不染著善念和恶念，就叫做圆满报身佛。倘若从自性上发起一刹的恶念，就能断灭万劫积累的善因；倘若从自性上升起一刹的善念，即使有像恒河的沙子一般多的恶行都会消失殆尽。直到无上正等菩提智慧，每一念都自己识见自性，不失去原本之正念，这就叫做报身。

“什么叫做‘千百亿化身’？如果对世间万法不起执著思虑，自性本来如同虚空，只要一念起了思量，就叫做变化。思量罪恶的事，自性就变化成了地狱；思量善良的事，自性就变化成了天堂。起毒害心，自性就变化成了龙蛇；起慈悲心，自性就变化成了菩萨；起智慧心，自性就达到了三界诸天的高度；起愚痴心，自性就下降到了三恶道的境地。由自性而生的变化有很多，迷昧的人不能够自己反省觉悟。如果念念都生起恶意，就会时常轮回在地狱、饿鬼、畜生之三恶道里。一旦一刹善念回转心头，便即刻产生智慧。这就叫做自性化身佛。”

经文

“善知识！法身本具，念念自性自见，即是报身佛。从报身思量，即是化身佛。自悟自修自性功德，是真归依。皮肉是色身，色身是舍宅，不言归依也。但悟自性三身，即识自性佛。吾有一《无相颂》，若能诵持，言下令汝积劫迷罪，一时销灭。颂曰：

迷人修福不修道，只言修福便是道。
布施供养福无边，心中三恶[①]元来造。
拟将修福欲灭罪，后世得福罪还在。
但向心中除罪缘，名自性中真忏悔。

忽悟大乘真忏悔，除邪行正即无罪。
学道常于自性观，即与诸佛同一类。
吾祖惟传此顿法，普愿见性同一体。
若欲当来[②]觅法身，离诸法相心中洗。
努力自见莫悠悠[③]，后念忽绝一世休。
若悟大乘得见性，虔恭合掌至心求。”

师言：“善知识！总须诵取，依此修行，言下见性，虽去吾千里，如常在吾边；于此言下不悟，即对面千里，何勤远来？珍重好去。”一众闻法，靡不开悟，欢喜奉行。

注释

①三恶：在这里指贪、嗔、痴三毒。贪是贪爱五欲，嗔是嗔恚无忍，痴是愚痴无明，因贪嗔痴能毒害人们的身命和慧命，故名“三毒”，这也是一切烦恼的根本。

②当来：应来之世，即来世。

③悠悠：指虚度光阴，无所事事的闲暇时光。

译文

“各位善知识，每个人都本来具有法身佛，每一念能够自己识见自性，就是报身佛。从报身佛去思量，就是化身佛。自己体悟自己修行自性之功德，这就是真正的归依。皮肤肉体是色身，色身只是房屋宅舍，不能说归依色身，归依房舍。只要觉悟了自性中存在的三身佛，就识见了自性佛。我这里有一首《无相颂》，如果能够记诵修持，当下就能令你们累世所积累的迷昧罪孽，一时间全部消灭。这首偈颂说道：

“迷昧的人只知道修福报而不知道修菩提大道，还说修福报就是修菩提大道。布施大众供养三宝虽然有无边的福报，但是这些也是心中贪、嗔、痴三毒本来造作的啊。想要用修福报的方法来将罪孽消灭，却不知道虽然后世有福报，原先的罪业依然还存在。只有自己心中除却罪孽的因缘，这才是自性之中真正的忏悔。忽然间能够觉悟大乘佛教真正忏悔的法门，除却邪见，端正行为就可以没有罪业了。学道之人时常能够观照般若自性，那就与三世诸佛同为一类了。我们的祖师先辈只传下了这一顿悟法门，普原众生能够识见自性同证一体法身。如果想要来世觅见法身，就要远离一切法相，用清净本心洗去对一切法相的执著。一定要努力自识本心自性，不要虚度光阴，无所事事，因为一旦后念中有一刹绝灭了，这一生就结束了。如果要想真正体悟大乘佛教真理，得见自性，就要虔诚恭敬地合掌归依自性佛而向自己内心自性中去追求。”

惠能大师说：“各位善知识，大家都必须背诵接受这一偈颂，照着这首偈颂修行，当下就可以明心见性。即使远离我有千里远，也好像经常在我的身边；如果听了这番开示依然不能体悟，那么即使对面想坐，其实也相当于相隔千里，又何必劳烦各位大老远跑来听法呢？请大家各自珍重，一路走好。”大家听了惠能大师演说佛法，没有不得开悟的，都十分欢喜，并努力奉行大师的说教。

机缘第七

导读

机，是根机；缘，是盛缘。机，有利有钝；缘，有胜有劣。机缘相应，心心相印，自性自然得到体现。“机缘品”即记载了惠能大师应广大信众的需要，把握时机，应机说法，随缘开导。尽管人的根器有利钝之别，但是真如本心，般若本性却是毫无差别的。在惠能大师与信众相聚之时，有问有答，有疑有破，随机遇缘，禅机就在这一问一答间显现出来。本品中，惠能大师听到比丘尼无尽藏诵读《大涅槃经》，而为之解说，从而阐发了“诸佛妙理，非关文字”的旨意。而后开化的僧法海、僧法达、僧智通、僧智常、僧志道、行思禅师、怀让禅师、玄觉禅师、智隍禅师等，日后都成为了惠能大师的著名嗣法弟子。在他与弟子们的机缘对话中，也运用禅宗南宗顿教的智慧解说了《大涅槃经》《法华经》《楞伽经》的旨意，强调了“于相离相”“于言离言”“于念离念”“于空离空”，一切经文都是方便假说，不可执著，“说似一物即不中”的道理。无论是外相、还是语言；无论是虚空、还是涅槃；无论是禅定，还是寂灭，都不能执著于心。正如惠能大师本品中最后一首偈语所说，真正的禅，不是要切断百思想，菩提日日长，而恰恰是要“不断百思想”，“菩提做么长”，真如佛性、菩提本心，本来具足，哪里来的增长呢？修禅切不可执著于禅啊。

经文

师自黄梅得法，回至韶州曹侯村[①]，人无知者（他本云：师去时至曹侯村，住九月余。然师自言，不经三十余日便至黄梅，此求道之切，岂有逗留，作去时者非是）。有儒士刘志略，礼遇甚厚。志略有姑为尼，名无尽藏，常诵《大涅槃经》[②]。师暂听，即知妙义，遂为解说。尼乃执卷问字。

师曰："字即不识，义即请问。"

尼曰："字尚不识，焉能会义？"

师曰："诸佛妙理，非关文字。"

尼惊异之，遍告里中耆德[③]云："此是有道之士，宜请供养。"

有魏（魏一作晋）武侯[④]玄孙[⑤]曹叔良及居民，竞来瞻礼。时，宝林古寺自隋末兵火，已废。遂于故基重建梵宇，延师居之，俄成宝坊。师住九月余日，又为恶党寻逐，师乃遁于前山，被其纵火焚草木，师隐身挨入石中得免。石今有师趺坐[⑥]膝痕，及衣布之纹，因名"避难石"。师忆五祖"怀会止藏"之嘱，遂行隐于二邑[⑦]焉。

注释

①曹侯村：广东省韶关市曲县曹溪侧畔之南华山下的小村庄，因住有自北方流徙而来的曹操后裔，故称为曹侯村，贯穿全村的小河，就叫做曹溪，另外还住有刘姓、孙姓人家，时人戏称这村庄为小"三国"庄园。

②《大涅槃经》：即"行由品"中印宗法师所讲的《涅槃经》，又称《大般涅槃经》或《大本涅槃经》，是宣说如来常住性相、涅槃常乐我净、众生悉有佛性乃至阐提成佛等教义的经典。

③耆（qí）德：指年老有德行的人。

④魏武侯：约指曹操。

⑤玄孙：自身以下的第五代。《尔雅·释亲》："孙之子为曾孙，曾孙之子为玄孙。"郭璞注："玄者，言亲属微昧也。"自身以下第二代为儿子，第三代为孙子，第四代为曾孙，第五代就是玄孙。

⑥趺（fū）坐：全称是结跏趺坐，是坐禅入定的姿式。其法：盘膝交叠双腿（结跏），用足背（趺）放在股腿上。单以一趺置一股的，称半跏趺坐；交叠双趺于两股的，称全跏趺坐。这样坐式，形体稳固、端庄，能心安气缓，便于入定。释迦牟尼在菩提树下降魔成道时，就用趺坐，称为"降魔坐"。

⑦邑：旧指县城。

译文

惠能大师从黄梅弘忍大师那里得法衣钵后，回到韶州曹溪村，没有人知道他的真实身份。（其他版本记载：惠能大师去往黄梅求法的时候，途经曹侯村，曾在那里住了九个多月。但是惠能大师自己说，当时只用了三十多天就到了黄梅，求道心切，哪里会逗留在此地，这样记载的人是错误的。）当地有一位儒士，名叫刘志略，对惠能大师以极高的礼遇。刘志略有一个出家为尼的姑姑，法名为无尽藏。经常诵读《大涅槃经》。惠能大师略微一听，便知晓经中的精妙大义，便为无尽藏解说经义。无尽藏手持《大涅槃经》卷本，问惠能大师其中的文字。

惠能大师说："我不认识里面的文字，如果是义理方面的问题，可以请问，我来解答。"

无尽藏说："你连文字尚且都不认识，又怎么会理解其中的义理呢？"

惠能大师说："一切佛法的精妙义理，和文字是无关的。"

无尽藏十分惊异大师的回答，便遍告知乡里所有德高望重的长者，说："这是一个得道高僧啊，应该把他请来好好供养。"

有一位是魏武侯（有的版本记载为晋武侯）曹操的玄孙叫做曹叔良的人和附近的村民，竞相前来瞻仰礼拜惠能大师。这时，宝林古寺经过隋朝末年的兵火战乱，已经被毁废了很久。所以，曹叔良和村民们便在原来的旧址上重新建造寺院，延请惠能大师居住在那里。很快，那里变成了著名的佛法圣地。惠能大师在那里居住了九个多月，又被恶党们所找寻追逐，所以只能隐藏到前山。恶党们又放火焚烧了前山的草木，惠能大师只能将身体隐藏到山石之中才得以幸免于难。如今，山石上仍有惠能大师结跏趺坐的痕迹，以及大师身上衣布的纹路痕迹，因此，这块山石也被称为"避难石"。惠能大师回忆起五祖弘忍大师曾嘱托他到了带"怀"字的地方就停下来（其实是暗示广西的怀集），遇见带"会"字的地方就隐藏起来（其实是暗示广东的四会），于是便到怀集和四会两县隐居起来。

经文

僧法海，韶州曲江[①]人也。初参祖师，问曰："即心即佛，愿垂指谕。"

师曰："前念不生即心，后念不灭即佛；成一切相即心，离一切相即佛。吾若具说，穷劫不尽。听吾偈。"曰：

"即心名慧，即佛乃定；
定慧等持，意中清净。
悟此法门，由汝习性；
用本无生，双修[②]是正。"

法海言下大悟，以偈赞曰：

“即心元是佛，不悟而自屈。
我知定慧因，双修离诸物。”

注释

①曲江：指韶州曲江县，此县在广东乐昌县南。

②双修：这里指定慧同时修行。

译文

僧人法海，广东韶州曲江县人。第一次来参拜惠能大师，问道：“何为即心即佛？请大师给予指导教谕。”

惠能大师说：“了知已生之念本无生就是心，了知将生之念本无灭就是佛；具足显现一切事相的就是心，能远离一切事相的就是佛。我如果要为你详尽具体的解说，恐怕历经无数劫的时间也无法穷尽这其中的道理。听我说的下面这首偈语吧：

“即此本心叫智慧，即此佛性乃禅定。将定与慧同等修持，心念自然恒常清净。要体悟这一法门，就需要修习你的真如妙性。定体慧用本来就无生无灭，定慧双修，才是正确的修行方法啊。”

法海听了惠能大师的话，当下大悟，用一首偈语赞叹说：“即此本心本来就是佛，因为没有领悟而让它受尽了委屈。如今我知晓了定慧双修是成佛的正因，只要能够做到定慧双修，就可以远离世间一切事相烦恼。”

经文

僧法达，洪州[①]人，七岁出家，常诵《法华经》[②]，来礼祖师，头不至地。

师诃曰：“礼不投地，何如不礼！汝心中必有一物，蕴习[③]何事耶？”

曰："念《法华经》已及三千部。"

师曰："汝若念至万部，得其经意，不以为胜，则与吾偕行。汝今负此事业，都不知过，听吾偈。"曰：

"礼本折慢幢[4]，头奚不至地？
有我罪即生，亡功福无比。"

师又曰："汝名什么？"

曰："法达。"

师曰："汝名法达，何曾达法？"复说偈曰：

"汝今名法达，勤诵未休歇。
空诵但循声，明心号菩萨。
汝今有缘故，吾今为汝说。
但信佛无言，莲华从口发。"

达闻偈，悔谢曰："而今而后，当谦恭一切。弟子诵《法华经》，未解经义，心常有疑。和尚智慧广大，愿略说经中义理。"

师曰："法达，法即甚达，汝心不达，经本无疑，汝心自疑。汝念此经，以何为宗？"

达曰："学人根性暗钝，从来但依文诵念[5]，岂知宗趣[6]？"

师曰："吾不识文字，汝试取经诵一遍，吾当为汝解说。"法达即高声念经，至《譬喻品》。师曰："止。此经元来以'因缘出世'为宗，纵说多种譬喻，亦无越于此。何者'因缘'？经云：'诸佛世尊，唯以一大事因缘出现于世。'一大事者，佛之知见也。世人外迷著相，内迷著空，若能于相离相，于空离空，即是内外不迷。若悟此法，一念心开，是为开佛知见。佛，犹觉也，分为四门：开觉知见，示觉知见，悟觉知见，入觉知见。若闻开示，便能悟入，即觉知见，本来真性而得出现。汝慎勿错解经意，见他道开、示、悟、入[7]，自是佛之知见，我辈无分。若作此解，乃是谤经毁佛也。彼既是佛，已具知见，何用更开？汝今当信佛知见者，只汝自心，更无别佛。盖为一切众生，自蔽光明，贪爱尘境，外缘内扰，甘受驱驰，便劳他世尊，从三昧起，种种苦口，劝令寝息，莫向外求，与佛无二，故云'开佛知见'。吾亦劝一切人，于自心中常开佛之知见。世人心邪，愚迷造罪，口善心恶，贪瞋嫉妒，谄佞我慢，侵人害物，自开众生知见；若能正心，常生智慧，观照自心，止恶行善，是自开佛之知见。汝须念念开佛知见，勿开众生知见。开佛知见，即是出世；开众生知见，即是世间。汝若但劳劳[8]执念，以为功课者，何异牦牛爱尾[9]？"

达曰："若然者，但得解义，不劳诵经耶？"

师曰："经有何过，岂障汝念？只为迷悟在人，损益由己。口诵心行，即是转经；口诵心不行，即是被经转，听吾偈。"曰：

"心迷法华转，心悟转法华。
诵经久不明，与义作仇家。
无念念即正，有念念成邪。
有无俱不计，长御白牛车[9]。"

达闻偈，不觉悲泣，言下大悟，而告师曰："法达从昔已来，实未曾转法华，乃被法华转。"再启曰："经云：'诸大声闻乃至菩萨，皆尽思共度量，不能测佛智。'今令凡夫但悟自心，便名佛之知见。自非上根，未免疑谤。又经说三车，羊鹿牛车[10]与白牛之车，如何区别？愿和尚再垂开示。"

师曰："经意分明，汝自迷背。诸三乘人，不能测佛智者，患在度量也。饶伊尽思共推，转加悬远。佛本为凡夫说，不为佛说。此理若不肯信者，从他退席⑪。殊不知，坐却白牛车，更于门外觅三车。况经文明，向汝道：‘唯一佛乘，无有余乘；若二若三，乃至无数方便，种种因缘、譬喻言词，是法皆为一佛乘故。’汝何不省？三车是假，为昔时故；一乘是实，为今时故。只教汝去假归实，归实之后，实亦无名。应知所有珍财，尽属于汝，由汝受用；更不作父想，亦不作子想，亦无用想，是名持《法华经》。从劫至劫，手不释卷，从昼至夜，无不念时也。”

达蒙启发，踊跃欢喜，以偈赞曰：

“经诵三千部，曹溪一句亡。
未明出世旨，宁歇累生狂。
羊鹿牛权设，初中后善扬。
谁知火宅⑫内，元是法中王。”

师曰：“汝今后方可名念经僧也。”达从此领玄旨，亦不辍诵经。

注释

①洪州：今江西省南昌市。

②《法华经》：全称《妙法莲华经》，简称《法华经》，历史上有多种译本，以后秦鸠摩罗什译本最为流行。鸠摩罗什译本共七卷二十八品，六万九千余字。本经以莲花（莲华）为喻，比喻佛法之洁白、清净、完美。《妙法莲华经》说一乘圆教，表清净了义，究竟圆满，微妙无上，是佛陀释迦牟尼晚年所说教法，属于开权显实的圆融教法，大小无异，显密圆融，显示人人皆可成佛之一乘了义。由于经中宣讲内容至高无上，明示不分贫富贵贱，人人皆可成佛，所以《法华经》也誉为“经中之王”。

③蕴习：蕴，蕴藏；习，积习。蕴习指长期积习执著。

④慢幢（chuáng）：幢指幢幡。幢是圆筒状，幡是长条状。悬幢就是通知大众有讲经说法。所谓“法幢高竖”，代表道场有共修；悬幡就是提倡共修。“幢”“幡”基本上同属一种类，只依形状作区别。慢幢，比喻骄傲高慢之心，如说法时高耸之幢。

⑤诵念：诵，指背文而暗持之；念，指所对之境记忆不忘。在口曰诵，在心曰念。

⑥宗趣：《贤首》云：“当部所崇曰宗，宗之所归曰趣。”宗，指宗旨，就是修行的纲领，修行的门径，也就是“要径”；趣，指趣向、归趣、归宿。

⑦开、示、悟、入：开佛知见，示佛知见，使悟佛知见，入佛知见，开、示、悟、入乃是佛出世的本怀。

⑧劳劳：形容很辛劳的样子。

⑨牦牛爱尾：牦牛是牛的一种，这种牛对它的尾巴看得非常重，所以它总保护着尾巴，沉迷不已。这一典故出自《法华经·方便品》，形容人沉迷于自己的欲望，也和牦牛爱自己的尾巴一样。

⑨白牛车：《法华经》以白牛车为喻，比喻大乘佛法。仇兆鳌注引《法华经》：“有大白牛，肥重多力，形体殊好，以驾宝车。”《法华经·譬喻品》：“牛车为大乘，即菩萨乘。”亦省作“白牛”。

⑩羊鹿牛车：指羊车、鹿车、牛车。羊车是形容声闻乘只能自度，不能度他，好像一辆小小的羊车不能载物；鹿车是形容缘觉乘能自度兼度亲属，好像一辆鹿车只能载少许的货物；牛车是形容菩萨乘不但自度且能普度众生，好像一辆大牛车能运载许多的货物。

⑪从他退席：指法华会上，有五千增上慢人，闻佛所说，不能信受，因而中途退席，佛默许之。

⑫火宅：三界之中动乱无安，犹如火宅，所以将三界喻为火宅。《法华经》说：“三界无安，有如火宅。”

译文

僧人法达，江西洪州人，七岁便出家，经常读诵《法华经》。他来礼拜六祖惠能大师，虽然跪拜，但是头却不曾着地。

惠能大师呵斥道：“既然跪拜了，却又头不着地，这还不如不礼拜！你心中一定自负着一件东西，你长期积习执著什么事情？”

法达说：“我时常诵念《法华经》，已经念了三千遍了。”

惠能大师说：“如果你念了一万遍，能够理解经文中的妙理大义，都不觉得自己有什么值得骄傲的，那你就可以与我同行了。你如今念了三千遍经文，便自负成这般，还不知过错。听好我下面的这首偈语：

“礼拜原本是为了去除骄傲高慢之心，你的头为何不着地呢？心中执著于‘我’而骄傲高慢，就滋生了无边无量的罪孽啊。如果能够去除掉这种我执的功德心，就能够得到无边的福报了。”

惠能大师又问：“你叫什么名字？”

回答道：“法名法达。”

惠能大师说：“你名字叫做法达，又何曾通达了佛法？”又说一首偈语道：“你如今的名字叫做法达，勤奋地诵读经书，其间未曾休息停歇。然而只空空的口上诵读，只是依照文字的发声来读字，却不曾真的了解经文的真实义理。不明白只有明心见性才是觉悟，才是菩萨。你今天与我有缘，我才来为你宣讲正法。只要你相信诸佛的究竟妙法是无法用语言表达的，那么莲华般的妙法真义就自然从你口中显发出来了。”

法达听了惠能大师的偈语，忏悔谢罪说：“我从今往后，一定会谦虚恭敬地对待一切众生。弟子虽然时常诵读《法华经》，但是其中的经文大义却未能真正理解，心中经常存有疑问。和尚您拥有广大博深的智慧，希望您能为我略说经文中的义理。”

惠能大师说：“法达啊，佛法本来就是明白通达的，是你的自心没有通达无碍；佛经本来不存在什么疑问，是你自心中生出疑问啊。你既然念诵《法华经》，认为什么是它的宗旨呢？”

法达说：“学生的根器禀性愚钝，从来都只是依照经文念诵而已，我哪里知道这其中还有什么宗旨和归趣啊。”

惠能大师说：“我不认识文字，你把经文拿来，诵读一遍，我再来为你解说其中义理。”法达立刻大声念诵《法华经》，念到《譬喻品》的时候，惠能大师说：“好，先停下。这部经原本是以‘因缘出世’为宗旨的，纵然用了诸多譬喻，也是围绕这一宗旨，没有超出这一范围。什么是‘因缘’呢？经文说：‘诸佛世尊，都是为了一件大事的因缘才出现在世间的。’这一件大事，就是佛的真知正见。世间之人对外迷惑执著于世间万相，对内又迷惑执著于虚妄空寂。如果能够身在一切万相之上又能远离一切万相不执著，能够身处虚空之中又能超越空寂不执著于空，那就是对内对外皆不执迷了。如果能够体悟这一法门，一念之间本心开悟，这就是开悟了佛的知见。佛，也是觉悟。分为四门：开显觉悟知见、示现觉悟知见、体悟觉悟知见、证入觉悟知见。如果听闻了开示，便能够体悟证入，这就是觉悟知见，原本具足的真如佛性便得以显现出来。你一定要谨慎，不要错误理解这一经文的含义，认为经文中所说的开佛知见、示佛知见、悟佛知见、入佛知见，说的是佛才具有的知见，我们这些凡人没有份。如果作这种理解的话，就是在诽谤经文，毁谤诸佛。他们既然是佛，已经具足了佛的知见，又哪里需要再去开悟呢？你如今应当相信所谓佛的知见，就在你自己的心中，再也没有什么其他的佛。只因为一切世间众生，自己的本心被遮蔽了智慧的光明，因为贪心恪爱着尘缘外境，这些外缘滋扰内心，使人们甘愿受这些尘缘外境的驱赶而一生驰忙奔波。于是，便劳烦其他诸佛世尊，从三昧禅定中而起，运用种种善巧方便，苦口婆心，劝说世间之人息心止念，不要再向身外求，其实每个人都与佛是不二的，没有什么区别，因此叫‘开佛知见’。你也要劝说一切众生，要在自心之中时常开悟自心之佛知见。世间人心易生邪见，愚笨迷昧制造罪业，口说善言，心中却恶念丛生：贪欲、嗔恨、嫉妒、谄媚、虚伪、自我、傲慢，这些恶念害人害己，这都是开显了众生的知见。如果能够端正本心，恒常生发般若智慧，观照自性本心，止一切恶行而行一切善举，这就是自我开显了佛的知见。你必须每一念都开悟佛的知见，不要开显众生的知见。开悟佛的知见，就是超凡出世，开显众生的知见，就是世间苦海。你如果只是很劳苦地执著于持诵念经，以为这样做是在修行功课，这与牦牛只知道贪爱自己的尾巴，沉迷于自己的欲望有何区别呢?”

法达说：“如果是这样，是不是只要能够理解经文的义理，就不用再辛劳地诵读经文了?”

惠能大师说：“经文有何罪过，难道经文妨碍你念诵了么?只是迷昧或者觉悟看你自己，损失抑或增益全由你自己。如果口中念诵经文，内心随之奉行，就是‘转经’；如果口中念诵，内心不奉行，那就是‘被经转’。听好我下面这首偈语：

“心中迷昧即被《法华经》所转，自心开悟即转《法华经》。念诵经文这么久，心中却不明了，文字即与经义成为了仇家。无所执念的念诵经文即是正念《法华经》；有所执念的念诵经文即是邪念《法华经》。如果能够把有念无念全不计较执著，就可以契悟佛理，出门长驾大牛车，达到菩萨乘了。”

法达听完这首偈语，不自觉地悲伤哭泣，当下大悟，而告诉惠能大师说：“法达从过往以来，确实从来没曾转《法华经》，而一直是在被《法华经》转。”又再启告大师说：“经文有云：‘诸位大声闻乃至菩萨，一起用尽全部心思共同思量，也不能揣测佛的智慧。’如今令那些凡夫俗子们只要体悟自性本心，就说是佛的知见。如果他们本身不是上等根器的人，难免会产生怀疑诽谤。又经文有云‘三车’，即羊车、鹿车、牛车与白牛之车，这如何区别呢？还望和尚能够再次开示。”

惠能大师说：“经文中的意思已经十分明白了，是你自己迷昧，违背了经义。这三乘人，不能揣测佛的智慧，其根患就在于用揣测思量去思考佛的智慧啊。就算他们用尽心思共同推测琢磨，也只会离佛的智慧越来越远。佛本来就是为凡夫们讲说佛法的，不是为诸佛讲说佛法的。如果有人不相信这个道理，任凭他中途退席，也不加阻拦。殊不知，自己已经坐在了白牛车上，却非要在门外寻找羊车、鹿车、牛车。况且经中文字已经很明白了，对你说道：‘只有唯一的佛乘，没有其他的佛乘；如果有第二个、第三个，乃至无数方便法门，种种因缘际会，种种譬喻言词，所有这些方便法门最终都是为了达到一佛乘。’你为什么还不省悟呢？羊车、鹿车、牛车是方便的假说，是为了过去没有开悟的时候所说；一乘才是真实，是为如今开悟之时所说的。只为了教你能够舍去假立的三乘而回归真实的一乘，回归真实以后，连真实也只是个假名而已，也应该舍去。你应该知道，所有的珍宝财富，都是属于你的，由你来享受和使用；不要做父念，也不要做子想；也不要想这些是财富，只有这样才叫做奉持《法华经》。从前一劫到后一劫，时时刻刻手不释卷，从早到晚，无时无刻都在念诵心行《法华经》。”

法达蒙受了惠能大师的启发，高兴得手舞足蹈十分欢喜，他用以下这首偈语赞叹道：“我念诵《法华经》三千遍，如今却被曹溪惠能大师一句‘我慢’而将自负打破。没有明白超脱出世的旨意，又怎能休歇累生积累的迷狂。羊车、鹿车、牛车都只是施设的方便说法，佛祖按照初善、中善、后善的次第讲说佛法大义的方便而已。有谁又知道原来这三界之中的迷昧众生，原本就是具足一切智慧的佛陀啊！”

惠能大师说：“你今后方可以叫做念经僧了。”法达从此领悟了佛法的玄妙旨意，也仍然没有停止念经。

经文

僧智通，寿州安丰[①]人。初看《楞伽经》[②]，约千余遍，而不会三身四智[③]，礼师求解其义。

师曰：“三身者，清净法身，汝之性也；圆满报身，汝之智也；千百亿化身，汝之行也。若离本性，别说三身，即名‘有身无智’。若悟三身无有自性，即明四智菩提。听吾偈。”曰：

“自性具三身，发明成四智。
不离见闻缘，超然登佛地。
吾今为汝说，谛信永无迷。
莫学驰求者，终日说菩提。”

通再启曰：“四智之义，可得闻乎？”

师曰：“既会三身，便明四智，何更问耶？若离三身，别谈四智，此名‘有智无身’。即此有智，还成无智。”复说偈曰：

“大圆镜智性清净，平等性智心无病。
妙观察智见非功，成所作智同圆镜。
五八六七果因转[④]，但用名言无实性。
若于转处不留情，繁兴永处那伽定[⑤]。”

（如上转识为智也，教中云：“转前五识为成所作智，转第六识为妙观察智，转第七识为平等性智，转第八识为大圆镜智。”虽六七因中转，五八果上转，但转其名而不转其体也）。

通顿悟性智，遂呈偈曰：

“三身元我体，四智本心明。
身智融无碍，应物任随形。
起修皆妄动，守住匪真精。
妙旨因师晓，终亡染污名。”

注释

①寿州安丰：指今安徽省寿县西南六十里的安丰县。

②《楞伽经》：全名《楞伽阿跋多罗宝经》，是大乘佛法中综合了“虚妄唯识系”及“真常唯心系”之重要经典，亦即说明唯心、如来藏及阿赖耶识之教义。它是印度中期大乘佛教的重要经典之一，全经以“五法（名、相、妄想、正智、如如）、三自性、八识、二无我（法无我、人无我）”等为中心论典，其中论及缘起、涅槃、禅定、渐顿等重要内容。其内容也有前后不一之处，明显受印度教的影响。此经在中国共有四种汉译本。目前存在最早的译本是南朝宋元嘉二十年（443 年）宋代天竺三藏法师求那跋陀罗的译本，共四卷，又称“宋译”，以散文与诗句相互交叉应用，最能表现此经的原始形态，流行也最广。传说由禅宗祖师达磨传授于二祖慧可，并云：“我观汉地，唯有此经，仁者依行，自得度世。”以后慧可弟子有持此经以修持者，主张“专唯念慧，不在话言”，世称楞伽师，其唯心论、禅法、顿、渐之法，成为禅宗开宗的基石。

③四智：即法相宗所立四种如来的智慧，分别是成所作智、妙观察智、平等性智和大圆境智。成所作智是转有漏的前五识所

成，为佛成功所作一切普利众生的智慧；妙观察智是转有漏的第六识所成，为佛观察诸法及一切众生根器而应病予药与转凡成圣的智慧；平等性智是转有漏的第七识所成，为佛通达无我平等的道理，而对一切众生起无缘大慈的智慧；大圆境智是转有漏的第八识所成，为佛观照一切事相理性无不明白的智慧，此智慧清净圆明，彻见内外，如大圆境，洞照万物。

④五八六七果因转：五，指八识中的前五识——即眼耳鼻舌身所对色声香味触所起之眼识、耳识、鼻识、舌识、身识；八，指八识中的第八识，即“阿赖耶识”；六，指八识中的第六识，即“意识”；七，指八识中的第七识，即“末那识”。前五识和第八识属于果，如文中括号中所言，“五八果上转”，即前五识和第八识只有在成就佛果之后才能转，“转前五识为成所作智”，“转第八识为大圆镜智”；第六识和第七识属于因，如文中括号中所言，“六七因中转”，即第六识和第七识在没有达到佛果之前就可以转，“转第六识为妙观察智，转第七识为平等性智”，但是无论是果上转还是因中转，都“但转其名而不转其体也”。

⑤那伽定：那伽，梵语的音译，意译为“龙”。龙常静思念摄，故有定力，能现大变，那伽定，即指大定，“身变龙而定止于深渊曰那伽定”。

译文

僧人智通，安徽寿县安丰人，最初看《楞伽经》大约一千余遍，也没有明白三身四智的意思，于是礼拜惠能大师以求解其中大义。

惠能大师说：“所谓三身，指的是清净的法身，这是你的本性；圆满报身，这是你的智慧；千百亿化身，这是你的行为。如果远离本性，另外讲说三身，就叫做‘有身无智’。如果体悟到三身并无自性，那就是明了了四智菩提了。听好我下面的偈语：

“自性之中具足法身、报身、化身，如果能够引发本明便能生成四智菩提。不需要远离见闻外缘，便能超然顿登佛地。我如今为你说法，一定要深信无疑便可永远不会再被无明迷惑。不要学那些向身外求佛之人，整日只知道口头上菩提觉性而终不能真正觉悟。”

智通又问道：“四智的大义，可否请大师为我讲说?”

惠能大师说：“既然领会了三身的意思，便可明了四智的含义。为何还要再问呢？如果远离三身，另外再谈四智，那就叫做‘有智无身’。即使表面上说四智的道理，实际上还是没有真正领悟四智的含义。”

大师再说一首偈语道：“‘大圆镜智’是自性本来清净，‘平等性智’是心中无有诟病。‘妙观察智’是不以所见为功，‘成所作智’同于‘大圆镜智’。前五识和第八识果上转，第六识和第七识因中转，转与不转只是一个名称上的不同，并非有一个真实的实性在流转。如果能在因果流转中不留情执著，那么就可以永远处于大定之中。”（以上是“转识为智”的道理。佛教中所说：转前五识为“成所作智”，转第六识“意识”为“妙观察智”，转第七识“末那识”为“平等性智”，转第八识“阿赖耶识”为“大圆镜智”。虽然第六识与第七识属于因，在没有达到佛果之前就可以转；前五识与第八识属于果，只有在成就佛果之后才能转，但是都只是名称的流转，本体上并无不同，非转其本体也。）

智通顿时领悟了自性四智的道理，于是呈上一首偈语，写道：“三身原本就是我的自性本体，四智就是本心的清明。三身与四智是圆融无碍的，应和任何事物而随意方便示现形象。任何起心修道都是妄动无明，而想要费心守住三身四智也并非吾人原本具有的真精妙体了。这精妙的旨意因为大师的开示而得以知晓，终于解脱了一切污染名而自在清净。”

经文

僧智常，信州贵溪[①]人，髫年[②]出家，志求见性。一日参礼，师问曰："汝从何来，欲求何事？"

曰："学人近往洪州白峰山，礼大通和尚[③]，蒙示见性成佛之义，未决狐疑，远来投礼，伏望和尚慈悲指示。"

师曰："彼有何言句，汝试举看。"

曰："智常到彼，凡经三月，未蒙示诲。为法切故，一夕独入丈室，请问：'如何是某甲本心本性？'大通乃曰：'汝见虚空否？'对曰：'见。'彼曰：'汝见虚空有相貌否？'对曰：'虚空无形，有何相貌？'彼曰：'汝之本性，犹如虚空，了无一物可见，是名'正见'；无一物可知，是名'真知'。无有青黄长短，但见本源清净，觉体圆明，即名'见性成佛'，亦名'如来知见'。'学人虽闻此说，犹未决了，乞和尚开示。"

师曰："彼师所说，犹存见知，故令汝未了。吾今示汝一偈：

"不见一法存无见，大似浮云遮日面。
不知一法守空知，还如太虚生闪电。
此之知见瞥然兴，错认何曾解方便。
汝当一念自知非，自己灵光常显现。"

常闻偈已，心意豁然，乃述偈曰：

"无端起知见，著相求菩提。
情存一念悟，宁越昔时迷。
自性觉源体，随照枉迁流。
不入祖师室，茫然趣两头。"

智常一日问师曰："佛说三乘法，又言最上乘，弟子未解，愿为教授。”

师曰：“汝观自本心，莫著外法相。法无四乘[4]，人心自有等差，见闻转诵是小乘，悟法解义是中乘，依法修行是大乘。万法尽通，万法俱备，一切不染，离诸法相，一无所得，名最上乘。乘是行义，不在口争。汝须自修，莫问吾也。一切时中，自性自如。”

常礼谢执侍，终师之世。

注释

①信州贵溪：信州，古时统领贵溪等地。信州贵溪，指今江西贵溪地区。

②髫（tiáo）年：指幼童时期。古时儿童尚未束发时，自然下垂短发，故称之，也称作“垂发”。陶渊明《桃花源记》有“黄发垂髫，并怡然自乐”。女孩7岁称“髫年”，男孩8岁又称“龆年”。

③大通和尚：即弘忍大师弟子神秀上座之谥号也。

④四乘：《法华经·譬喻品》中说到羊车、鹿车、牛车、大白牛车。天台宗即根据此说，而认定在羊、鹿、牛三车之外，还有一大白牛车，正如天台宗是三乘家之外的一乘家。又说三乘非实因实果，但是假说，《法华经》开权显实，会三乘而归一佛乘，这样权实合起来共有四车，世人因而呼一乘家为“四车家”。光宅法师即依此而立“四乘教”。

译文

僧人智常，江西贵溪人，幼童时期便已出家，立志修行以求明心见性。有一天，他参拜礼敬惠能大师，大师问他：“你从哪里来，想求得什么事情？”

智常说：“学生近日前往洪州白峰山，礼敬神秀大师，请他开示见性成佛的佛教大义，没有完全解决我心中的疑惑，因此我远道而来投拜大师门下，还请大师能够慈悲为怀，为我指导开示。”

惠能大师说：“你与神秀师之间有何对话，你列举一些说给我听听。”

智常说：“智常到神秀大师处，大概住了三个月，没有受到开示与教诲。因为我求法心切，有一天傍晚，我独自来到大师所住的方丈室，请问大师：‘什么是某人的本心与本性？’神秀大师说：‘你见过虚空没有？’我回答说：‘见过。’他说：‘你见到虚空是什么相状样貌啊？’我回答说：‘虚空没有形状，有什么相状样貌可言？’他说：‘你的本性，就好比虚空一般，了无一物可以看到，这就叫做正见；没有一物可以知晓，这就叫做真知。没有青、黄的颜色之分，也没有长、短的相状之别，只要见到本心之源清净无余，觉悟心体圆融明澈，这就叫见性成佛，也叫做如来知见。’学生虽然听到了神秀大师的开示，但是仍然没有解决心中的疑问，还请和尚为我开示。”

惠能大师说：“神秀师所说的，仍然存有知见，所以令你没有完全开解。我如今开示给你一首偈语：看不见一法，但是心中存有‘无见’，就好像浮云遮住了太阳的光芒。不知晓一法却墨守‘空知’，就如同虚空之中生有闪电。当‘无见’‘空知’这种知见在心中刹那兴起的时候，错把这种知见当做本心真性，还谈什么微妙方便呢？你应当一念之下知道自己的错误，那样的话，你自己的本性灵妙之光才会恒常显现出来。”

智常听完这首偈语，心意顿时豁然开朗，也叙述了一首自己的偈语：“无端的在心中生起‘无见’‘空知’这种知见，就还是执著于事相来觅求菩提智慧。如果意念中还存有一念间开悟的觉知，又怎能超越往昔迷惑呢？自性是觉悟心性本源的理体，却随着无明、妄念、觉知而枉自轮回迁流。如果不是踏入了惠能大师的方丈室聆听开示教诲，我至今还在茫茫然得在‘无见’与‘空知’两头徘徊不能解脱。”

有一天，智常问惠能大师：“佛祖说三乘法，又说最上乘法，弟子于此有疑惑没有解决，还请大师为我教导指授。”

惠能大师说：“你观照自己的本心，不要执著于外面的法相。佛法并没有四乘，而人对自己本心的觉悟程度却有等差。见佛听闻说法转而诵读佛经的是小乘之人；体悟佛法真理，理解佛教大义的是中乘之人；依照佛法修行的是大乘之人。对一切万法全部通达，万法妙用具足完备，对一切都不染著，远离诸法事相，实无一法可得的，就是最上乘的人。乘，是修行的意思，不在于口头上的争辩。你必须自己切实修行，不要问我了。任何时候，自性都是如如不动的。”

智常向惠能大师行礼感谢，从此侍奉在大师身边，直到惠能大师去世。

经文

僧志道，广州南海[①]人也，请益曰：“学人自出家，览《涅槃经》十载有余，未明大意，愿和尚垂诲。”

师曰：“汝何处未明？”

曰：“‘诸行无常，是生灭法；生灭灭已，寂灭为乐。’于此疑惑。”

师曰：“汝作么生疑？”

曰：“一切众生皆有二身，谓色身、法身也。色身无常，有生有灭；法身有常，无知无觉。经云：‘生灭灭已，寂灭为乐’者，不审何身寂灭？何身受乐？若色身者，色身灭时，四大分散，全然是苦，苦不可言乐；若法身寂灭，即同草木瓦石，谁当受乐？又法性是生灭之体，五蕴是生灭之用，一体五用，生灭是常。生，则从体起用；灭，则摄用归体。若听更生，即有情之类，不断不灭；若不听更生，则永归寂灭，同于无情之物。如是，则一切诸法被涅槃之所禁伏，尚不得生，何乐之有？”

师曰：“汝是释子，何习外道断常邪见[2]，而议最上乘法。据汝所说，即色身外别有法身，离生灭求于寂灭。又推涅槃常乐，言有身受用，斯乃执吝[3]生死，耽著世乐。汝今当知，佛为一切迷人，认五蕴和合为自体相，分别一切法为外尘相，好生恶死，念念迁流，不知梦幻虚假，枉受轮回，以常乐涅槃，翻为苦相，终日驰求。佛悯此故，乃示涅槃真乐。刹那无有生相，刹那无有灭相，更无生灭可灭，是则寂灭现前。当现前时，亦无现前之量，乃谓常乐。此乐无有受者，亦无不受者，岂有一体五用之名？何况更言涅槃禁伏诸法，令永不生，斯乃谤佛毁法。听吾偈。”曰：

“无上大涅槃，圆明常寂照。
凡愚谓之死，外道执为断。
诸求二乘人，目以为无作。
尽属情所计，六十二见[4]本。
妄立虚假名，何为真实义？
惟有过量人，通达无取舍。
以知五蕴法，及以蕴中我，
外现众色象，一一音声相，
平等如梦幻，不起凡圣见，
不作涅槃解。二边三际[5]断，

常应诸根用，而不起用想，
分别一切法，不起分别想。
劫火烧海底，风鼓山相击，
真常寂灭乐，涅槃相如是。
吾今强言说，令汝舍邪见，
汝勿随言解，许汝知少分。”

志道闻偈大悟，踊跃作礼而退。

注释

①广州南海：指今广东省佛山市。

②断常邪见：指断见和常见。“断见”是坚持人死后身心断灭不复再生的邪见，属于无见；“常见”是坚持身心常住永恒不灭的邪见，属于有见。《智度论》曰：“见有二种：一者常，二者断。常见者，见五众（五蕴也）常心忍乐，断见者见五众灭心忍乐。一切众生，多堕此二见中。”

③执吝：执，为执著；吝，为吝惜不舍。

④六十二见：六十二见是外道的邪见，以五蕴为起见的对象，依色法和心法为根本。六十二见，以色、受、想、行、识等五蕴法为对象，起常、无常、亦常亦无常、非常非无常等见，如是五四共成二十见；以色、受、想、行、识等五蕴为对象，起有边际、无边际、亦有边际亦无边际、非有边际非无边际等见，如是二十见，连上面共成四十见；以色、受、想、行、识等五蕴为对象，起有去来、无去来、亦有去来亦无去来、非有去来非无去来等见，如是二十见，连上面共成六十见；此六十见又加上根本的色、心二见，共成六十二见。

⑤二边三际：二边，指有无二边；三际，指过去，现在、未来三时，或指外、内、中间三处。

译文

僧人志道，广东佛山人，向惠能大师请教说："学生自从出家以来，就一直在阅读《涅槃经》，已经十多年了，但是没有明白经文的大意，还请和尚能够赐教。"

惠能大师说："你什么地方不明白？"

志道说："'诸行无常，是生灭法；生灭灭已，寂灭为乐。'我对这一句经文存有疑惑。"

惠能大师说："你有什么疑惑？"

志道说："一切众生都有二身，即色身和法身。色身是变化无常的，有生有灭；法身是恒常不变得，无知也无觉。经文中说：'生灭灭已，寂灭为乐'，不知道是说的何身寂灭？又何身受乐？如果是色身的话，当色身寂灭的时候，由地、水、火、风和合而成的色身全部分散，全然是苦，是苦就不能说是乐；如果是法身寂灭的话，就好比草木瓦石那些无情一般，谁又来承担乐？再者，法性是生灭的本体，五蕴是生灭的功用，一个本体，五个功用，生灭应当是恒常不变的。生，则从法性本体上生起功用；灭，则归摄这五种功用返归本体。如果听任它不断更新再生，那么那些有情之类，就会不断不灭；如果不听任它不断更新再生，那么就会永远归于寂灭，和那些无情之物没有分别。这样，则一切诸法都被涅槃所禁伏，尚且不能再生，还有什么乐可言呢？"

惠能大师说："你是出家人，为何要学习这些外道的断见和常见，还用这些二边邪见来议论佛教的最上乘法呢。根据你所说的，那就是色身之外别有法身，远离了生灭又求于寂灭。有推断涅槃常乐，是说有一个身在受用，这仍是在执著于生死，沉溺于世间享乐啊。你如今应当知道，佛因为一切迷昧的人，错认为五蕴和合作为自己的身体形相，区分一切法为外在的世间尘相，贪生怕死，念念不绝，随无明流转，不知道世间一切诸法都是梦幻虚幻，而妄受轮回之苦，恒常快乐的涅槃反而成了苦相，整日追求不已。佛祖怜悯众生无明，才显示出涅槃的真常极乐，刹那间没有生相可起，刹那间没有灭相可息，更没有生灭这个相状可以灭，这就是真正的寂灭出现在眼前。当真正的寂灭出现在眼前时，也没有‘出现在眼前’之量可以执持，这就叫做恒常极乐。这种极乐没有承受者，也没有不承受者，哪还有所谓的一体五用之说？何况还说涅槃禁伏了一切诸法，令一切万法永不再生，这就是诽谤佛祖毁谤佛法啊！听好我下面的偈语：

“无尊至上的大般涅槃，圆融明净恒常寂灭能观照。凡夫俗子愚迷的人把它称为死亡，外道之徒执著它为断灭。所有追求涅槃解脱的二乘小根器的人，以为涅槃无所作为。这都属于情识的执著分别，是形成六十二种边见的根本原因。依照边见所立下的种种虚假名称，如何才是大涅槃的真实本义？只有那些超越度量的人，才能通达涅槃境界，无所取舍。才得以知道五蕴诸法，及五蕴和合而成的假我自执。在外显现诸法色相，和一切声音之相。一切都平等清净犹如梦幻，不起凡圣两种边见，也不作涅槃的义解。断除有无二边，过去、现在、未来三时的边见，虽然时常应现于六根而起作用，却不生起有用之念。虽能简择分别一切诸法，也不起分别之想。纵使劫火烧干海底，猛风吹得山相击，真常寂灭恒常安乐，大般涅槃之相就是这样。我今天勉强用语言来形容大涅槃的相状，只为了让你舍去邪见，你不要依照我说的语言妄生知解，以此解说，就认许你对大般涅槃稍微有几分了知了。”

志道听了这首偈语，言下大悟，欢喜踊跃地向惠能大师礼拜后退下。

经文

行思禅师[1]，生吉州安城[2]刘氏，闻曹溪法席盛化，径来参礼，遂问曰："当何所务，即不落阶级[3]。"

师曰："汝曾作什么来？"

曰："圣谛[4]亦不为。"

师曰："落何阶级？"

曰："圣谛尚不为，何阶级之有？"

师深器之，令思首众。一日，师谓曰："汝当分化一方，无令断绝。"思既得法，遂回吉州青原山，弘法绍化（谥弘济禅师）。

注释

①行思禅师：即青原行思（？—740），唐代著名禅师，吉州庐陵（今江西吉安）人，俗姓刘，相传他系汉长沙王之后裔。行思与荷泽神会、南阳慧忠、永嘉玄觉、南岳怀让并列为六祖惠能大师坐下五大弟子。行思二十岁到广东，随从六祖惠能法师十年，后六祖给他当首座。后有一日六祖告诉他："从来衣法双行，师资递授，衣为信，法印心，吾今得其人，何患不信？吾受衣以来，遭遇多难，后代必多争执；衣可留镇山门，汝当分化一方，勿令断绝。"六祖示寂前三年，行思返回江西，住吉安青原山静居寺，四方禅客云集。世称青原行思。行思四十四岁时，三十七岁的神会前来访问；此间，二十八岁的石头希迁亦前来归依。唐僖宗谥为"弘济禅师"，塔曰"归真塔"。而后禅宗南宗就分为怀让的南岳和行思的青原两大法系，两大法系又衍化出五个宗派，合称五家。其中曹洞、云门、法眼三家属青原法系。

②吉州安城：指今江西省吉安县。

③阶级：原指台阶，在此引申为次第、层次。和我们固有的

阶级概念完全不同。我们平时所了解的“阶级”的概念，实际上是一个社会学的名词，是指在生产关系中处于不同的地位的人们的集团，其中一个集团由于占有生产资料因而占有另一个集团的劳动。

④圣谛：谛，指其理之真实不虚。圣谛，圣者所见之谛理也，即指圣人所见的真理，即苦、集、灭、道。

译文

行思禅师生于江西吉安一户姓刘的家中，听闻曹溪六祖惠能大师那里听法受教的人非常多，法席极盛，就径直来向大师参见礼拜。他问惠能大师：“应该怎么做，就不会落入阶级分别?”

惠能大师问道：“你曾经做过什么?”

行思说：“即使是第一义谛，我也不修。”

惠能大师问：“落在什么次第呢?”

行思说：“第一义谛我都不修，还有什么次第存在呢?”

惠能大师对他非常器重，让行思禅师充当首座。有一天，惠能大师对他说：“你应当单独弘化一方，不要让佛法断绝。”行思禅师既然已经领得大法，就回到吉州青原山，弘传佛法，绍隆佛教，谥号“弘济禅师”。

经文

怀让禅师[①]，金州[②]杜氏子也。初谒嵩山[③]安国师[④]，安发之曹溪参扣，让至礼拜。

师曰：“甚处来?”

曰：“嵩山。”

师曰：“什么物，恁么来?”

曰：“说似一物即不中。”

师曰："还可修证否?"

曰："修证即不无，污染即不得。"

师曰："只此不污染，诸佛之所护念，汝既如是，吾亦如是。西天般若多罗⑤谶⑥：'汝足下出一马驹，踏杀天下人。'应在汝心，不须速说。"（一本无"西天"以下二十七字）

让豁然契会，遂执侍左右一十五载，日臻玄奥，后往南岳，大阐禅宗（敕谥大慧禅师）。

注释

①怀让禅师：即南岳怀让和尚（677—744），唐金州（今陕西安康市）人，俗姓杜。15 岁从玉泉寺恒景法师出家，23 岁到河南嵩岳，拜谒慧安，不久，即到广东，拜谒六祖惠能法师，授密印。以后侍随十五年，乃至六祖示寂前两年，离开曹溪到南岳。居般若寺（今福严寺），在此弘扬佛法，四方僧徒前往归敬，禅师于此大弘禅宗心法，更随机教化，令弟子得悟心性。在南岳磨镜台曾以"磨砖成镜"为喻，启发马祖道一向内参究心地法门。玄宗天宝三年（744）圆寂于南岳。唐敬宗时，追谥"大慧禅师"。世称禅宗七祖，又尊为观音大士。他的弟子将其法语编录成《南岳大慧禅师语录》，通行于世。怀让的南岳法系，其后又衍出沩仰和临济两家。

②金州：指今陕西省安康市。

③嵩山：地处河南省登封市西北面，是五岳中的中岳。其他四岳为东岳泰山（山东）、西岳华山（陕西）、北岳恒山（山西）、南岳衡山（湖南）。五岳是远古山神崇敬拜、五行观念和帝王巡猎封禅相结合的产物，后为道教所继承，这五岳实际上是被视为道教名山的。

④安国师：即慧安禅师（？—709），又称老安。荆州枝江

人，姓卫氏。唐贞观中，谒黄梅五祖，是五祖的大弟子。得心旨后，遍历名迹，至嵩岳，自云是终焉之地，后长年弘化嵩山。

⑤般若多罗：禅家所立西天二十八祖中之第二十七祖。东天竺人，已得道，至南天竺香至国，度王之第三子菩提多罗（后改为菩提达磨）而付法。菩提达磨即为西天第二十八祖，中土初祖。

⑥谶（chèn）：这里指将要应验的预言、预兆。

译文

怀让禅师，是陕西金州一户杜姓人家的儿子。最初拜谒的是嵩山慧安禅师。慧安禅师让他到曹溪参拜六祖惠能大师。怀让禅师就来到了曹溪礼拜惠能。

惠能大师说："你从什么地方而来?"

怀让说："我从嵩山来。"

惠能大师说："是什么东西，这么来?"

怀让师说："如果说像一个东西，就不对了。"

惠能大师说："还需要修行证悟么?"

怀让说："修行证悟就不是无，受到侵染就不可得。"

惠能大师说："就此不污染这一点，就是诸佛所共同护持专念的，你既然是这样，我也是这样。西天二十七祖般若多罗曾有一谶语：'在你的门下将会出现一匹小马驹（即后来怀让禅师门下的马祖道一），纵横天下，无人能敌。'这个预言将会应验在你身上，你自当心中有数，不宜过早地说出来。"（有的版本并没有"西天"以下的二十七个字。）

怀让禅师豁然开悟契会禅意，于是侍奉在惠能大师身边十五年，日益体证到玄妙深奥的境界。后来前往南岳衡山，大力阐扬禅宗，谥号"大慧禅师"。

经文

永嘉玄觉禅师[①]，温州戴氏子，少习经论，精天台止观法门[②]。因看《维摩经》，发明心地。偶师弟子玄策[③]相访，与其剧谈，出言暗合诸祖。

策云："仁者得法师谁？"

曰："我听方等经论，各有师承，后于《维摩经》，悟佛心宗，未有证明者。"

策云："威音王[④]已前即得，威音王已后，无师自悟，尽是天然外道。"

曰："愿仁者为我证据。"

策云："我言轻。曹溪有六祖大师，四方云集，并是受法者。若去，则与偕行。"

觉遂同策来参，绕师三匝[⑤]，振锡[⑥]而立。

师曰："夫沙门者，具三千威仪，八万细行[⑦]。大德自何方而来，生大我慢。"

觉曰："生死事大，无常迅速。"

师曰："何不体取无生，了无速乎？"

曰："体即无生，了本无速。"

师曰："如是，如是。"

玄觉方具威仪礼拜，须臾告辞。

师曰："返太速乎？"

曰："本自非动，岂有速耶？"

师曰："谁知非动？"

曰："仁者自生分别。"

师曰："汝甚得无生之意。"

曰："无生岂有意耶？"

师曰："无意谁当分别？"

曰："分别亦非意。"

师曰："善哉！少留一宿。"

时谓"一宿觉"，后著《证道歌》，盛行于世（谥曰"无相大师"，时称为"真觉"焉）。

注释

①永嘉玄觉禅师：玄觉禅师（665—713），唐代僧人，温州永嘉（位于浙江）人，俗姓戴，字明道，号永嘉玄觉。玄觉八岁出家，博探三藏，尤通天台止观。后于温州龙兴寺侧岩下自构禅庵，独居研学，常修禅观。偶因左溪玄朗之激励，遂起游方之志，与东阳玄策共游方寻道。至韵阳时，谒曹溪惠能，与惠能相问答而得其印可，惠能留之一宿，翌日即归龙兴寺，时人称之"一宿觉"。其后，学者辐凑，号"真觉大师"。世寿四十九即趺坐入寂，敕谥"无相"。著有《证道歌》一首、《禅宗悟修圆旨》一卷、《永嘉集》十卷。弟子惠操、惠特、等慈、玄寂等，皆为世所推重。

②天台止观法门：天台，指天台宗，隋智者大师所立，因居天台山，故即以山名其宗，此宗以《法华经》《涅槃经》《大品般若经》《大智度论》等为主，明一心三观的妙理。止观法门是天台宗所主张的修行法门。止，是定的意思；观，是慧的意思。止观法门，就是修定慧的法门。

③玄策：六祖惠能大师的得法弟子。《传灯录》五有："婺州玄策禅师者，婺州金华人也。出家游方，师曹溪六祖。后却金华，大开法席。"

④威音王：即威音王佛，又作寂趣音王佛，是过去庄严劫最初的佛名。禅宗以此佛表示遥远的古代，以"威音王佛已前"比喻人类本有的纯正的精神境界。

⑤匝（zā）：周，绕一圈。

⑥振锡：锡，指锡杖。这里指锡杖不着地，举起使离地而立。

⑦三千威仪，八万细行：指比丘受具足戒以外的微细行仪。比丘所应守之二百五十戒，配以行、住、坐、卧之四威仪，合成一千戒，各有三世（一说三聚净戒），即成“三千威仪”。再配以身口七支（杀、盗、淫、妄语、恶口、绮语、两舌）、贪、嗔、痴三毒及等分之四种烦恼，共成八万四千。诸经举其大数，但称“八万细行”。“三千”“八千”用以形容数量之多。

译文

永嘉的玄觉禅师，是温州一户戴姓人家的孩子，从小学习经论，精通于天台宗的止观法门，因为看了《维摩经》，而明见本心。偶然有一次，惠能大师的弟子玄策法师来此相访，与玄觉禅师畅谈很久，发现玄觉禅师的言论与历代祖师的意旨暗暗相合。

玄策说：“请问仁者的得法老师是谁？”

玄觉说：“我听了大乘经论，各有所师承，后来读了《维摩经》，体悟了诸佛心宗，没有得到他人的印证。”

玄策说：“在威音王佛出现以前，无师自通是可以的；在威音王佛出现之后，倘若没有师承传授而靠自觉自悟，那全都是自然的外道了。”

玄觉说：“希望您能为印证。”

玄策说：“我人微言轻。曹溪有六祖惠能大师，四面八方的人都云集于此，都是前来求法的人。如果你要前往曹溪，我和你一同去。”

于是，玄觉便和玄策一起前来参拜惠能大师。玄觉绕着惠能大师走了三圈，举起锡杖一震，立在那里不动。

惠能大师说：“你是一个出家人，应当具有三千威仪、八万细行。这位大德，你从何方而来，竟然生出如此大的我慢之心呢？”

玄觉说：“人的生死是一件大事，人生变幻无常，迅速紧迫，实在无需讲究这些虚假礼节。”

惠能大师说：“那为何不体悟那无生无死的本心，以了此无常迅速的生死呢？”

玄觉说：“本体就是无生无死，了悟本来无有迟速！”

惠能大师说：“就是这样，就是这样！”

玄觉这才以出家人应当具足的威仪向惠能大师行礼参拜，只过了片刻，便向大师告辞离去。

惠能大师说：“你这也回去得太快了吧？”

玄觉说：“原本就没有动与不动，又何来的快与不快呢？”

惠能大师说：“谁知道没有动与不动呢？”

玄觉说：“那是您自己生了分别之心。”

惠能大师说：“你已经十分了解不生的本意了。”

玄觉说：“无生还有什么别的意思么？”

惠能大师说：“没有意义的话谁能分别它呢？”

玄觉说：“分别也不是有意啊！”

惠能大师说：“好啊！请你留在这里小住一晚吧。”

这在当时被称为“一宿觉”。后来玄觉禅师作了一首《证道歌》，盛行流传于世间，谥号“无相大师”，当时的人则称他为“真觉禅师”。

经文

禅者智隍，初参五祖，自谓已得正受[①]，庵居长坐，积二十年。师弟子玄策，游方至河朔[②]，闻隍之名，造庵问云：“汝在此作什么？”

隍曰："入定。"

策云："汝云入定，为有心入耶？无心入耶？若无心入者，一切无情草木瓦石，应合得定；若有心入者，一切有情含识之流，亦应得定。"

隍曰："我正入定时，不见有有无之心。"

策云："不见有有无之心，即是常定，何有出入？若有出入，即非大定。"

隍无对，良久，问曰："师嗣谁耶？"

策云："我师曹溪六祖。"

隍云："六祖以何为禅定？"

策云："我师所说，妙湛圆寂，体用如如，五阴本空，六尘非有，不出不入，不定不乱，禅性无住，离住禅寂；禅性无生，离生禅想，心如虚空，亦无虚空之量。"

隍闻是说，径来谒师。

师问云："仁者何来？"

隍具述前缘。

师云："诚如所言，汝但心如虚空，不著空见，应用无碍。动静无心，凡圣情忘，能所俱泯，性相如如，无不定时也。"（一本无"汝但"以下三十五字。止云："师悯其远来，遂垂开决"）

隍于是大悟，二十年所得心，都无影响。其夜河北士庶，闻空中有声云："隍禅师今日得道。"隍后礼辞，复归河北，开化四众。

注释

①正受："禅定"的异译。梵语三昧，译为正受，"三"为正，"昧"为受。定心，离邪乱，谓之正；无念无想，纳法在心，

谓之受。这种想心都息，缘虑并亡，与三昧相应的禅定，就叫做“正受”。

②河朔：古代泛指黄河以北的地区，这里指河北一带。

译文

智隍禅师，最初参拜五祖弘忍大师，自己宣称已经得到正确的禅定正受，居住在庵室中长久打坐，累计有二十年。惠能大师的弟子玄策禅师，游化到河朔一带，听到智隍禅师的名声，便到庵中拜访，问道：“你在这里干什么？”

智隍说：“我在入定。”

玄策说：“你说入定，是有心入定呢？还是无心入定呢？如果是无心入定，那么一切无情的草木瓦石之类，都应该在定中；如果是有心入定，那么一切有意识的有情众生，也应该在定中。”

智隍说：“我在入定之时，看不到有‘有无’的心念。”

玄策说：“看不到有‘有无’的心念，那就应该是恒常在定，又哪里有出入之别呢？如果有出有入，那就不是大定。”

智隍无以相对，过了很久，问道：“您师承于谁？”

玄策说：“我的师父就曹溪六祖惠能大师。”

智隍说：“六祖惠能大师认为什么是禅定？”

玄策说：“我师父所说之禅定，玄妙精湛圆融常寂，体用总是一如。色、受、想、行、识，这五蕴和合，本来就是空；色、声、香、味、触、法，这六尘也并非真有。不出也不入，不定也不乱。禅的本性本来无所住，远离执著于禅定的空寂；禅的本性本来无所生起，也远离能生禅定的妄想。自心如广大虚空一般，也不要有对虚空的思量。”

智隍听了这番化，径直前来拜谒惠能大师。

惠能大师问道：“这位仁者，你是从哪里来的？”

智隍把先前遇到玄策的因缘全部讲述给惠能大师。

惠能大师说："就像玄策所说，你只要心如广大虚空，而又不执著于虚空本身，就可以应用自如无碍了。动静一如，不生其心，忘却世俗与圣境之分，能将一切主客观的分别全部泯灭，性相一如，那就无时无刻不处于禅定之中了。"（有的版本没有"汝但"以下的三十五个字，只说："我怜悯你这么远而来，所以要对你进行开示。"）

智隍于是大彻大悟，二十年修习禅定所得的所谓心法正受，至此再也没有影响和执著了。那一天晚上河北的儒门学士和平民百姓，都听闻天空中传来声音说："智隍禅师今天得道了。"智隍而后向惠能大师行礼告辞，又回到河北，开示教化四众弟子。

经文

一僧问师云："黄梅意旨，甚么人得？"

师云："会佛法人得。"

僧云："和尚还得否？"

师云："我不会佛法。"

师一日欲濯所授之衣，而无美泉。因至寺后五里许，见山林郁茂，瑞气盘旋。师振锡卓地，泉应手而出，积以为池，乃跪膝浣衣石上。忽有一僧来礼拜，云："方辩是西蜀人，昨于南天竺国，见达磨大师，嘱方辩速往唐土：'吾传大迦叶正法眼藏[1]，及僧伽梨[2]，见传六代，于韶州曹溪，汝去瞻礼。'方辩远来，愿见我师传来衣钵。"

师乃出示，次问："上人攻何事业？"

曰："善塑。"

师正色曰："汝试塑看。"

辩罔措。过数日，塑就，真相，可高七寸，曲尽其妙。

师笑曰："汝只解塑性，不解佛性。"师舒手摩方辩顶，曰："永为人天福田。"（师仍以衣酬之，辩取衣分为三，一披塑像，一自留，一用棕裹瘗[3]地中，誓曰：'后得此衣，乃吾出世，住持于此，重建殿宇。'宋嘉祐八年，有僧惟先，修殿掘地，得衣如新。像在高泉寺，祈祷辄应。）

有僧举卧轮禅师[4]偈曰：

"卧轮有伎俩，能断百思想。
对境心不起，菩提日日长。"

师闻之，曰："此偈未明心地，若依而行之，是加系缚。"因示一偈，曰：

"惠能没伎俩，不断百思想。
对境心数起，菩提作么长。"

注释

①正法眼藏：正法眼，指佛的心眼彻见正法，藏，是深广而万德含藏的意思。

②僧伽梨：指比丘三衣之一。译为众聚时衣，又称为大衣，由九条至二十五条制成，一般是在外出及其他庄严仪式时穿。

③瘗：音 yì。

④卧轮禅师：据学者考证，卧轮禅师本名昙伦（546—626），《续高僧传》有传，此人为慧可弟子端禅师门人，因提倡卧禅，故号称"卧轮"。

译文

有一个僧人问惠能大师："黄梅五祖弘忍大师的心法衣钵，什么人得到了？"

惠能大师说："懂得佛法的人得到了。"

僧人说："和尚您得到了么？"

惠能大师说："我不会佛法大义啊。"

惠能大师有一天想要洗濯五祖弘忍大师传授的袈裟法衣，但是却找不到纯净的清泉。于是就走到寺后约五里的地方，看到那里山林郁郁葱葱非常茂密，有一股祥瑞之气盘旋在上空。惠能大师举起锡杖在地上一震，有一股清泉立刻应声而出，渐渐地积起来一湾池水。于是大师便跪在池边的石头上洗濯法衣。忽然有一个僧人前来礼拜，说："本人方辩是川西蜀地人，昨天在南天竺国，看见达磨大师，嘱托方辩赶快前往大唐中土，他说：'我传给大迦叶的正法眼藏和法衣，已经传到了第六代祖师，现在在韶州曹溪山，你赶紧去瞻仰礼拜。'方辩远道而来，希望能够看到达磨祖师所传之法衣。"

惠能大师就拿出法衣向方辩展示，随后问："您擅长做哪一方面的事情？"

方辩说："善于雕塑。"

惠能大师神情严肃地说："你试着雕塑一尊给我看看。"

方辩惘然不知所措。过了几天，雕塑完成了，是一座六祖真相，约高七寸，惟妙惟肖，十分逼真。

惠能大师笑着说："你只了解雕塑的技术，却不了解佛性啊。"惠能大师伸手抚摸着方辩的头顶说："希望你永远成为人天众生的福田。"惠能大师仍然把法衣作为酬劳给了方辩。方辩把法衣分为三份，一份披在塑像上，一份自己保留，一份用棕榈树皮包着埋在地中，发誓说："以后如果能够得到这份法衣，那就是我再度出世的时候，将会住持这座寺庙，重新建造大殿庙宇。"宋嘉祐八年（1063），有一个叫维先的僧人，修缮大殿的时候掘地，挖到了这份法衣，还和新的一样。而大师的塑像则供奉于高泉寺，凡是祈祷都得到了应验。

有一个僧人展示卧轮禅师的一首偈语说："卧轮我有这样的

本事，可以斩断心中的各种妄想。面对一切外境，心中也不生起任何念头，菩提觉性日日在增长。”

惠能大师听了以后，说：“这首偈语并没有明心见性，如果依照这首偈语修行的话，反而后增加束缚障碍。”因此，他也相应地展示了一首偈语，说：“我惠能没有这样的本事，断除不了心中的各种妄想，面对一切外境每每起心动念，菩提又哪里有什么日日增长呢？”

顿渐第八

导读

五祖弘忍以后，禅宗在进一步发展的同时，也开始出现了分化，逐渐形成了不同的派系。在众多派别中，最有影响的就是以惠能为代表的南宗和以神秀为代表的北宗。惠能禅法以明心见性、顿悟成佛为特点，故被时人称为南宗顿教；神秀禅法以坐禅守意、渐次修行为特点，故被时人称为北宗渐教。南北两派不时发生摩擦、斗争，“顿渐品”所记述的内容就是发生在这一历史背景下的。当时，虽然驻锡曹溪山宝林寺的惠能大师与驻锡荆南玉泉寺的神秀大师之间并无宗派之别，但是两派门下的弟子却时常相互非难、争议，其中既有潜入曹溪法会学法的志诚，也有奉命谋害六祖惠能大师的志彻，还有前来故意非难惠能大师的神会。本品中，惠能大师就针对志诚、志彻、神会三人，进行了应机说法，向他们开示了南宗顿教法门，三人听法后，均归依曹溪，成为惠能大师门下的著名嗣法弟子。在对志诚说法的过程中，惠能大师批评了北宗禅法执著于“住心观净、长坐不卧”的弊病；在面对向自己行刺的志彻的时候，惠能大师又彰显出大无畏的精神与极度的包容与慈悲；面对神会的逞能与挑衅，惠能大师于一问一答间破除了神会的我慢之见，以下的开示充分体现出曹溪法门应机说法、有教无类、因材施教的特点。

经文

时，祖师居曹溪宝林，神秀大师在荆南玉泉寺[①]，于时两宗盛化，人皆称“南能北秀”，故有南北二宗顿渐之分，而学者莫知宗趣。师谓众曰：“法本一宗，人有南北；法即一种，见有迟疾。何名‘顿渐’？法无顿渐，人有利钝，故名顿渐。”

然秀之徒众，往往讥南宗祖师，“不识一字，有何所长？”

秀曰：“他得无师之智[②]，深悟上乘，吾不如也。且吾师五祖，亲传衣法，岂徒然哉？吾恨不能远去亲近，虚受国恩。汝等诸人，毋滞于此，可往曹溪参决。”一日，命门人志诚曰：“汝聪明多智，可为吾到曹溪听法。若有所闻，尽心记取，还为吾说。”

志诚禀命至曹溪，随众参请，不言来处。时祖师告众曰：“今有盗法之人，潜在此会。”志诚即出礼拜，具陈其事。师曰：“汝从玉泉来，应是细作[③]。”

对曰：“不是。”

师曰：“何得不是？”

对曰：“未说即是，说了不是。”

师曰：“汝师若为示众？”

对曰：“常指诲大众，住心观静，长坐不卧。”

师曰：“住心观静，是病非禅。长坐拘身，于理何益？听吾偈。”曰：

“生来坐不卧，死去卧不坐。

一具臭骨头，何为立功课？”

注释

①荆南玉泉寺：荆南，指今湖北当阳，玉泉寺即在此地。玉泉寺是中国佛教天台宗祖庭之一。智者大师创立天台宗，其重要

代表著作《摩诃止观》《法华玄义》均在玉泉讲演结集，在中国佛教史上留下“东土释迦”“九旬谈妙”等佳话。同时，玉泉寺也是禅宗北宗祖庭唐国师神秀的道场。唐仪凤年间（676—678），神秀自黄梅五祖来到玉泉寺，在寺东开辟道场驻锡传禅二十余年，朝野钦重，后被武则天恭请到京，时称“两京法主、三帝国师”，圆寂后，灵骨归葬于玉泉寺东楞伽峰。自唐以来，玉泉寺教、律、密、禅、净兼修，诸宗竞秀，各派流光，高僧辈出，见诸记载的有一百二十多位大德高僧，其中被历代帝王封为“大师”和“国师”称号的就有十人之多。

②无师之智：指无师而独自觉悟的佛智。

③细作：指暗探、间谍。《左传·宣公八年》有“晋人获秦谍”，唐陆德明释文：“谍，徒协反，间也，今谓之细作。”

译文

当时，六祖惠能大师居住在曹溪山宝林寺，神秀大师居住在荆州南部的玉泉寺，在那时南北两宗共同繁盛兴化，时人都称他们为“南能北秀”，因为他们两人的说法不同，因此又有称南宗、北宗，顿教渐教的区分，而修学的人并不知道他们真正的宗旨与归趣。惠能大师对众人们说：“禅法本来只有一宗，而传法之人所在地不同，才有了南宗北宗的区分；禅法只有一种，但是对禅法的见解却有快有慢。什么叫做‘顿渐’？禅法并没有顿渐之别，但是人的根器有利有钝，因此，人们对禅法的觉悟才有快有慢，所以才称为顿渐。”

但是神秀的弟子门人，却常常讥讽南宗惠能祖师“不认识一个字，能有什么过人之处？”

神秀说：“他能无师而独自觉悟佛智，深入体悟最上乘智慧，我不如他啊。况且我的师父五祖弘忍大师，亲自传授给他衣钵心法，难道是无缘无故的么？我只恨不能远道而去与他亲近交流，而在这里白白地领受国家给我的恩赐供奉。你们这些人，不要再滞留在这里虚度，可以前往曹溪惠能大师那里参学佛法解决疑问。”有一天，神秀对门下弟子志诚说：“你聪明多智，可以为我去曹溪惠能大师那里听受佛法。如果有所见闻，你应当用心尽力地记取下来，回来再告诉我。”

志诚秉承神秀师父嘱托，来到曹溪宝林寺，跟随信众们参拜惠能大师请求开示，并不说自己从何而来。当时，惠能大师对众人们说：“如今有一个偷听佛法的人潜藏在本次法会中。”志诚便出来礼拜惠能大师，把到来的缘由全部陈述清楚。惠能大师说：“你从玉泉寺神秀大师那里来，应该是一个奸细。”

志诚回答说：“我不是奸细。”

惠能大师说：“何以见得你不是呢？”

志诚说：“如果我不说明来意继续隐藏，那我就是奸细；我既然已经将来意如实陈述，那我就不是奸细。”

惠能大师说：“你师父是怎样开示众人们的？”

志诚说：“神秀大师经常指导教诲众人们，要止住心念，守住本心，观想清净，长久静坐不卧。”

惠能大师说：“止住心念，守住本心，观想清净，那是错误的，不是真正的禅。长久静坐拘束身体，对体悟佛法真理又有什么益处呢？听好我下面这首偈语。”他说：“人活着的时候长久坐着不卧倒，死去以后又长久卧倒再也坐不起来，其实不管坐还是卧，都只是一具臭骨头的形骸而已，为什么偏要为它设立这样一种功课呢？”

经文

志诚再拜，曰：“弟子在秀大师处，学道九年，不得契悟。今闻和尚一说，便契本心。弟子生死事大，和尚大慈，更为教示。”

师云：“吾闻汝师教示学人戒、定、慧法。未审汝师说戒、定、慧，行相如何？与吾说看。”

诚曰：“秀大师说：‘诸恶莫作名为戒，诸善奉行名为慧，自净其意名为定。’彼说如此，未审和尚以何法诲人？”

师曰：“吾若言有法与人，即为诳汝。但且随方解缚，假名‘三昧’。如汝师所说戒、定、慧，实不可思议。吾所见戒、定、慧又别。”

志诚曰：“戒、定、慧只合一种，如何更别？”

师曰：“汝师戒、定、慧接大乘人，吾戒、定、慧接最上乘人。悟解不同，见有迟疾。汝听吾说，与彼同否？吾所说法，不离自性。离体说法，名为相说，自性常迷。须知一切万法，皆从自性起用，是真戒、定、慧法。听吾偈。”曰：

“心地无非自性戒，
心地无痴自性慧，
心地无乱自性定，
不增不减自金刚，
身去身来本三昧。”

诚闻偈，悔谢，乃呈一偈，曰：

“五蕴幻身，幻何究竟？
回趣真如，法还不净。”

师然之。复语诚曰：“汝师戒、定、慧，劝小根智人；吾戒、定、慧，劝大根智人。若悟自性，亦不立菩提涅槃，亦不立解脱知见，无一法可得，方能建立万法。若解此意，亦名佛身，亦名菩提涅槃，亦名解脱知见。见性之人，立亦得，不立亦得，去来自由，无滞无碍。应用随作，应语随答，普见化身，不离自性，即得自在神通游戏三昧[①]，是名见性。”

志诚再启师曰：“如何是不立义？”

师曰：“自性无非、无痴、无乱，念念般若观照，常离法相，自由自在，纵横尽得，有何可立？自性自悟，顿悟顿修，亦无渐次。所以不立一切法，诸法寂灭，有何次第？”

志诚礼拜，愿为执侍，朝夕不懈（诚吉州太和人也）。

注释

①自在神通游戏三昧：自在，指人的心完全脱离了烦恼的系缚而通达无碍；神，为不测之义，通，为无碍之义。不可测又无碍之力用，谓为“神通”或“通力”；游戏，指佛菩萨游于神通，化人以自娱；三昧，是专心的意思，诸佛菩萨专心救济众生为游戏，故曰“游戏三昧”。总体来说，就是指了悟自性到达最高境界以后，便可以方便游戏，运用神通示现种种方便、化身来说法救济众生，自在而为。

译文

志诚再次向惠能大师参拜，说：“弟子在神秀大师那里，学习佛法已经九年了，却始终没有契悟佛法的精妙大义。今天听闻和尚的这一番说法，便直接契悟本心。弟子深知生死事大，还望和尚能够大发慈悲，再为弟子教诲开示。”

惠能大师说：“我听说你的师父教导开示学人们戒、定、慧的法门。不知道你的师父说这戒、定、慧法门的内容如何？你和我说说看。”

志诚说：“神秀大师说：‘诸恶莫作名为戒，诸善奉行名为慧，自净其意名为定。’他就是这样说的，不知道和尚是怎样说此戒定慧法门来教诲门人的呢？”

惠能大师说：“如果我说有法可以传授给你，那就是口出诳语欺骗你。只是暂且随缘方便说法，令你解除束缚，立假名叫做‘三昧’而已。像你师父说的那种戒、定、慧的法门，实在是不可思议。我所认识的戒、定、慧，与此不同。”

志诚说：“戒、定、慧的法门只有一种，怎么还有区别?”

惠能大师说：“你师父所说的戒、定、慧法门是用来接引度化大乘根器的人，我所说的戒、定、慧法门是用来接引度化最上乘根器的人的。体悟理解有所不同，识见自我本心有快有慢。你听我所说的，和神秀师所说的一样么？我所说的教法，离不开自性本心。远离自性本心来说法，只是执著于相状说法，自性却是迷昧的。必须要知道世间一切诸法万相，都是从自性本心上生起运用，这才是真正的戒、定、慧的法门啊。听好我下面的这首偈语：心地上没有一切是非，就是本心自性的清净戒律；心地上没有愚痴妄念，本心自性时常生起般若智慧；心地不散乱，就是本心自性的根本禅定。心性不增不减，就是如同金刚不坏一般的觉性之体。身体自由地来去，就是自性本具的三昧正定境界。”

志诚听完了这首偈语，遂向惠能大师忏悔拜谢，也呈上一首偈语，说道：“由五蕴和合而成的幻身，如果只在这虚幻假象之中做功夫，又怎能获得究竟的解脱？如果回过神来又去向求得真如境界上下功夫，这种求得净法的欲念却反而是执著，依然不是净法啊!”

惠能大师也说：“是这样的，”又对志诚说，“你师父的戒、定、慧法门，是劝说小根器的人的；我所说的戒、定、慧法门，是劝说大根器的人的。如果你体悟了本心自性，也不再立志觅求菩提智慧、涅槃实相，也不再执著于建立对解脱的知见，没有一法可得的时候，才能建立起世间万法。如果你能理解这个意思，就可以称作法身，也可以称作菩提智慧、涅槃实相，也可以称作解脱知见。明心见性的人，立这些名称可以悟得佛法，不立这些名称也可以悟得佛法，来去自由，无所滞碍，·应用自如，随缘而作，应问而答，普遍示现千百化身，而不离开自己的自性本心，就得以完全脱离了烦恼的系缚而通达无碍，方便游戏，运用神通示现种种方便、化身来说法救济众生，自在而为，这就叫做识见本性。”

志诚大师再次拜谢惠能大师，又说：“什么是不立之义？”

惠能大师说：“自我本性没有是非、没有愚痴、没有散乱，念念都以般若智慧观照，恒常远离外界诸法相状，纵横往来都可以全部有所得，还有什么可以建立？自己的本性自己体悟，当下开悟当下体证，并没有什么渐修渐证之阶次等级，所以说不立一切法，一切诸法全部都寂灭，有什么次第顺序呢？”

志诚礼拜惠能大师，发愿持奉大师左右，早晚都不停歇。（志诚是吉州太和人。）

经文

僧志彻，江西人，本姓张，名行昌，少任侠[①]。自南北分化，二宗主虽亡彼我，而徒侣竞起爱憎。时北宗门人，自立秀师为第六祖，而忌祖师传衣为天下闻，乃嘱行昌来刺师。

师心通[②]，预知其事，即置金十两于座间。时夜暮，行昌入祖室，将欲加害，师舒颈就之。行昌挥刃者三，悉无所损。

师曰：“正剑不邪，邪剑不正。只负汝金，不负汝命。”

行昌惊仆，久而方苏，求哀悔过，即愿出家。

师遂与金，言：“汝且去，恐徒众翻害于汝，汝可他日易形而来，吾当摄受[③]。”

行昌禀旨，宵遁，后投僧出家，具戒精进。一日，忆师之言，远来礼觐。

师曰："吾久念汝，汝来何晚？"

曰："昨蒙和尚舍罪，今虽出家苦行，终难报德，其惟传法度生乎。弟子常览《涅槃经》，未晓常、无常义，乞和尚慈悲，略为解说。"

师曰："无常者，即佛性也；有常者，即一切善恶诸法分别心也。"

曰："和尚所说，大违经文。"

师曰："吾传佛心印，安敢违于佛经？"

曰："经说佛性是常，和尚却言无常。善恶之法乃至菩提心，皆是无常，和尚却言是常。此即相违，令学人转加疑惑。"

师曰："《涅槃经》，吾昔听尼无尽藏读诵一遍，便为讲说，无一字一义不合经文。乃至为汝，终无二说。"

曰："学人识量浅昧，愿和尚委曲开示。"

师曰："汝知否？佛性若常，更说什么善恶诸法，乃至穷劫无有一人发菩提心者，故吾说无常，正是佛说真常之道也。又，一切诸法若无常者，即物物皆有自性，容受生死，而真常性有不遍之处，故吾说常者，正是佛说真无常义。佛比为凡夫外道执于邪常，诸二乘人于常计无常，共成'八倒'④，故于涅槃了义教中，破彼偏见，而显说真常、真乐、真我、真净。汝今依言背义，以断灭无常，及确定死常，而错解佛之圆妙最后微言，纵览千遍，有何所益？"

行昌忽然大悟，说偈曰：

"因守无常心，佛说有常性。
不知方便者，犹春池拾砾。
我今不施功，佛性而现前。
非师相授与，我亦无所得。"

师曰："汝今彻也，宜名志彻。"彻礼谢而退。

注释

①任侠：又称为"尚义任侠""为气任侠""使气任侠"，也就是"附带意气，以侠义自任"的意思。

②心通：佛教中修习禅定可以开发出六种禅神通和境界，称为"六通"。这六通分别是天眼通、他心通、宿命通、神足通、漏尽通。文中的"心通"即指他心通，指能知他人心想的神通。

③摄受：又叫做摄取，就是佛以慈悲心去摄取众生。

④八倒：又名"八颠倒"，凡夫二乘迷执之八种转倒也。即凡夫执有为生灭之法为常、乐、我、净，二乘行者执无为涅槃之法为非常、非乐、非我、非净。

译文

僧人志彻，江西人，俗姓张，叫行昌，年少的时候行侠仗义。自从南宗禅和北宗禅分化以来，虽然惠能大师和神秀大师两位宗主并不分你我，但是门下的弟子却竞相生起爱憎之心。这时北宗的门人弟子，自立神秀大师为禅宗第六代祖师，但是又忌讳惠能大师得到弘忍大师密付衣钵心法为天下人所闻知，所以叮嘱行昌来行刺惠能大师。

惠能大师有他心通，早就预知了这件事，就放了十两黄金在座位上。那时天色已黑，行昌潜入惠能大师的房间，想要杀害大师，惠能大师伸出脖子让他砍。行昌挥刀连砍三次，大师都毫发无伤。

惠能大师说："正义之剑不会邪恶，邪恶之剑不会正义。我只会给你金钱，不会欠你性命。"

志彻惊恐万分，扑倒在地，过了很久才苏醒过来，哀求忏悔自己的过错，当下就希望大师能够为他剃度出家。

于是，惠能大师就把金子给了他，对他说："你先离开，恐怕我的弟子们会反过来加害于你，你可以改天易容之后再来，我会收你为徒。"

行昌禀奉惠能大师的旨意，连夜出逃，而后投奔一位僧人剃度出家，严守戒律，精进修行。有一天，他回忆起当日惠能大师对他说的话，便远道而来礼拜求见大师。

惠能大师说："我挂念你很久了，你怎么这么晚才来?"

行昌说："上次承蒙和尚能够饶恕我的罪过，如今我虽然已经出家苦行，也终究难以回报大师对我的恩德，只有随您弘传佛法普度众生了。弟子经常看《涅槃经》，不明白常与无常的大义，还祈望和尚能够慈悲为怀，为弟子略为解说。"

惠能大师说："所谓无常，就是佛性；所谓有常，就是对一切善恶诸法存有分别心。"

行昌说："和尚所说的，和经文所说的大相违背。"

惠能大师说："我传承佛祖心印，怎么敢违背佛经所说呢?"

行昌说："经文中说，佛性是常，和尚却说佛性是无常；一切善恶诸法，乃至菩提心，都是无常，和尚却说是有常。这样与佛经完全相违背，让弟子更加疑惑了。"

惠能大师说："这《涅槃经》，我曾听比丘尼无尽藏念诵了一遍，就为她进行了讲说，没有一个字一个意思是不合乎经文的。乃至今天为你所讲说的，也没有什么不同的说法。"

行昌说："弟子见识浅薄，心中愚昧，还希望和尚能够仔细明白的开示于我。"

惠能大师说："你知道吗？佛性如果是恒常的，为什么还要说一切善恶诸法，乃至说穷尽一劫的时间里都没有一人发菩提觉悟之心呢？所以我说佛性无常，这正是佛法所说的真正的恒常的道理。再者，一切诸法如果是无常的，那么一切诸法各自都有自己的体性，可以承受生死，而真实存在的佛性也有不能遍及的地方，这才是佛法所说的真正的无常的道理。佛祖因为知道凡夫外道们执著于邪见，诸位二乘之人把常视为无常，从而出现了常、乐、我、净、非常、非乐、非我、非净的八种颠倒妄见，所以在《涅槃经》的教义中，就是为了破斥这些偏见，而显示宣说真常、真乐、真我、真净四德。你如今依照经文的文字却违背了经文真正的义理，将有断灭的无常视为无常，而以此确定僵死的常为常，因而错误理解了佛陀最后开示的圆融奇妙的微言大义。纵使你将经文阅读了上千遍，又有什么益处呢？”

行昌忽然恍然大悟，做了一首偈语，说道：“因为执守无常生灭之妄心，佛才说有涅槃常乐之真性。如果不知道这是佛在方便说法，就好像在春池中捡了一粒沙子而以为是宝石一样。我如今没有任何造作执著，自我佛性自然呈现眼前。要不是师父您传授给我，我也是在无有所得。”

惠能大师说：“你今天彻底觉悟了，应该叫做志彻。”志彻礼拜感谢惠能大师后退下。

经文

有一童子，名神会[①]，襄阳[②]高氏子，年十三，自玉泉来参礼。

师曰：“知识远来艰辛，还将得本来否？若有本则合识主，试说看。”

会曰：“以无住为本，见即是主。”

师曰：“这沙弥[③]争合取次语！”

会乃问曰：“和尚坐禅，还见不见？”

师以柱杖打三下，云：“吾打汝痛不痛？”

对曰："亦痛亦不痛。"

师曰："吾亦见亦不见。"

神会问："如何是亦见亦不见？"

师云："吾之所见，常见自心过愆，不见他人是非好恶，是以亦见亦不见。汝言亦痛亦不痛，如何？汝若不痛，同其木石；若痛，则同凡夫，即起恚恨。汝向前见、不见是二边；痛、不痛是生灭。汝自性且不见，敢尔弄人。"

神会礼拜悔谢。

师又曰："汝若心迷不见，问善知识觅路；汝若心悟，即自见性，依法修行。汝自迷不见自心，却来问吾见与不见。吾见自知，岂代汝迷；汝若自见，亦不代吾迷。何不自知自见，乃问吾见与不见？"

神会再礼百余拜，求谢过愆，服勤给侍，不离左右。

注释

①神会：惠能晚期最著名的弟子，荷泽宗的创始者，在禅宗史上是一个举足轻重，甚至是一个创造历史与改写历史的人物。他俗姓高，湖北襄阳人。童年从师学五经，继而研究老、庄，都很有造诣。后来读《后汉书》知道有佛教，由此倾心于佛法，遂至本府国昌寺从颢元出家。他理解经论，但不喜讲说。三十岁到三十四岁（697—701），他在玉泉寺从神秀学习禅法。久视元年（700），神秀因则天武后召他入宫说法，便劝弟子们到广东韶州从惠能学习。神会去曹溪后，在那里住了几年，很受惠能器重。为了增广见闻，他不久又北游参学。先到江西青原山参行思，继至西京受戒。景龙年中（707—709）神会又回到曹溪，惠能知道他的禅学已经纯熟，将示寂时即授与印记。开元八年（720）敕配住南阳龙兴寺。神会北归以后，看见北宗禅在北方已很盛行，

于是提出南宗顿教优于北宗渐教的说法，并且指出达磨禅的真髓存于南宗的顿教。他认为北宗的“师承是傍，法门是渐”，惠能才是达磨以来的禅宗正统。开元十二年（724）正月十五日，神会在滑台（今河南滑县）大云寺设无遮大会和当时著名学者崇远大开辩论，建立南宗宗旨；同时批评了当日最有声望的神秀门下普寂。普寂以神秀为达磨的正统，他自己则是继承神秀的人。据李邕的《大照（普寂）禅师碑》记普寂临终诲门人说：“吾受托先师，传兹密印。远自达磨菩萨导于可、可进于璨、璨锺于信、信传于忍、忍授于大通（神秀）、大通贻于吾，今七叶矣。”当时神秀门下的声势很大，他们所立的法统无人敢加以怀疑。但神会却认为这个法统是伪造的，说弘忍不曾传法给神秀。他提出一个修正的传法系统：“（达磨）传一领袈裟以为法信授与慧可，慧可传僧璨，僧璨传道信，道信传弘忍，弘忍传惠能，六代相承，连绵不绝。”从此南北两宗的界线更加分明。天宝四年（745），神会以七十八岁的高龄应请入住东都荷泽寺，这时普寂和义福都先后去世，由于他的弘传，使曹溪的顿悟法门大播于洛阳而流行于天下。而后虽经波折，然神会的名望却越来越大，他所弘的禅学为荷泽宗。上元元年（760）五月十三日，神会寂于洛阳荷泽寺，年九十三岁。建塔于洛阳宝应寺，谥真宗大师。我们如今所注释的这部《坛经》，有很多内容就是神会一系加以补充和改造的。

②襄阳：今湖北襄阳市（襄阳市，也就是过去的襄樊市，2010年，经国务院批准，正式更名为襄阳市）。

③沙弥：俗称“小和尚”，指已受十戒，未受具足戒，年龄在七岁以上，未满二十岁时出家的男子。在佛教僧团中，首位沙弥为罗侯罗。人若想成沙弥，需受十戒。凡小孩出家，叫做沙弥。人若过了七十岁，便不准受具足戒，只能受沙弥戒，做沙弥，而不能正式成为比丘。同此，出家女子称“沙弥尼”。以沙

弥、沙弥尼勤于策励成为比丘、比丘尼，故前者译为“勤策男”，后者译为“勤策女”。

译文

有一个出家的小沙弥，法名神会，湖北襄阳一户高姓人家的孩子，十三岁时，从玉泉寺前往曹溪山惠能大师处参拜行礼。

惠能大师说：“善知识远道而来，非常艰辛，还能识见事物的本来面目吗？如果能识见本来面目，就应该能够识见主人，施主请试着说说看。”

神会说：“以无所住为根本，而识见的本身就是主人公。”

惠能大师说：“这小沙弥说话岂能如此轻率呢！”

神会问惠能大师说：“和尚坐禅，到底是识见主人公了呢，还是不见？”

惠能大师用拄杖打了神会三下，说：“我打你，你是痛还是不痛？”

神会回答说：“也痛，也不痛。”

惠能大师说：“我也识见了，也没有识见。”

神会说：“什么叫也识见了，也没有识见？”

惠能大师说：“我所说的识见，是时常照见自己内心的过错；所说的不识见，是不去见别人的是非、好坏，这就是也识见了，也没有识见。你说也痛也不痛，又是为什么呢？你如果不痛，就如同无情木石一般；你如果痛，就和凡夫俗子一样，心中立刻生起嗔恨。你前面所说的见与不见落到了两边，后面所说的痛与不痛又落入了生灭。你的自性本心尚且没有识见，还敢在这里作弄人。”

神会行礼拜谢惠能大师，并向大师道歉忏悔。

惠能大师又说：“你如果心中迷昧不能识见，可以向具有慧根的善知识请教觅路；如果你自己心中开悟，即刻自己明心见性，那就应当依法修行。如今你自己心中迷昧，不能识见自心本性，却跑来问我识见还是没识见。我识见本心，我自己知道，又怎么能代替你心中的迷昧；你如果能够自己识见本心，也不能代替我心中的迷昧。为什么不把功夫用在自己体悟自己本心，却来问我识见还是没识见呢？”

神会再次向惠能大师行礼拜谢一百多次，肯求大师原谅自己的过错，从此勤勉地服侍惠能大师，不离大师身边。

经文

一日，师告众曰：“吾有一物，无头无尾，无名无字，无背无面，诸人还识否？”

神会出曰：“是诸佛之本源，神会之佛性。”

师曰：“向汝道，无名无字，汝便唤作本源佛性，汝向去有把茆盖头[①]，也只成个知解宗徒。”

祖师灭后，会入京洛，大弘曹溪顿教，著《显宗记》盛行于世，（是为荷泽禅师）。

师见诸宗难问，咸起恶心，多集座下，悯而谓曰：“学道之人，一切善念恶念，应当尽除。无名可名，名于自性；无二之性，是名实性。于实性上建立一切教门，言下便须自见。”诸人闻说，总皆作礼，请事为师。

注释

①把茆（máo）盖头：指取茆作草庵，盖在头上，以避风雨也，比喻有一定的成就。

译文

有一天，惠能大师告诉徒众们说：“我有一样东西，没有脑袋也没有尾巴，没有名也没有字，没有背面也没有正面，大家知道这是什么吗?”

神会起来说:“那是诸佛的本源,是神会具足的真如佛性。”

惠能大师说:“我都告诉你了,这样东西没名也没字,你还要把它叫做本源佛性。你以后即便有把‘茆盖头’,做了住持,也只能成为一个在名相上求知求解的宗徒。”

惠能大师圆寂之后,神会来到京洛地区,大力弘扬曹溪惠能大师的顿教法门,著有《显宗记》盛行于世,这就是著名的“荷泽禅师”。

惠能大师看到各个宗派之间相互发难指责,弟子们都生起了邪恶之心,就经常集合自己的座下弟子,宽厚怜悯地对他们说:“学习佛法的人,一切善念、恶念,都应该全部去除。当没有名相可以称名的时候,我们姑且假名它为自性吧。独一无二、没有对立区别的自性,就叫做实性。在实性的基础上建立的一切教法门派,就必须立刻就能自我识见。”弟子们听到大师的说法,一起向大师行礼致敬,请求惠能大师做他们的老师,予以开示教化。

宣诏第九

导读

公元705年正月十五，太后武则天、唐中宗下诏，派遣内侍薛简前往曹溪请惠能大师进宫供养，惠能大师托辞年老有病，不肯进京，愿意终老于山林之中。“宣诏品”记载的就是惠能开示薛简的经过。薛简作为一位使者，将当时京城长安的人们对佛教禅法的理解和修行状况传达给惠能大师。同上一品中，神秀大师的弟子造访曹溪一样，惠能大师指出了当时流行的“坐禅习定”是错误的，再次强调了“道由心悟，岂在坐也”的道理，进一步开示薛简“烦恼即是菩提，无二无别”，一切诸法，“不生不灭”，“本自无生，今亦不灭”。总之，禅宗智慧就是教导我们要对“一切善恶，都莫思量，自然得入清净心体，湛然常寂，妙用恒沙”，是一种超越一切二元对立、涵盖一切二元对立的精妙智慧。薛简便将大师的开示教诲如实上表，朝廷下诏褒奖赞誉了惠能大师的功德。实际上，历史中还有很多辞诏不肯入京的高僧大德，禅宗四祖道信大师即是如此。贞观十七年（643），唐太宗李世民就曾听说道信大师的盛名而仰慕不已，三诏道信入京，道信均上表辞谢。第四次，唐太宗派遣使者说：“如果再不来，就拿头来。”道信“引颈就刃，神色俨然”。唐太宗闻后，更加钦佩。佛教正是在这些一心弘扬正法的高僧大德的坚守之下，法脉不断，日益盛隆的。

经文

神龙元年上元日[①]，则天、中宗[②]诏[③]云："朕[④]请安、秀[⑤]二师，宫中供养。万机之暇，每究一乘[⑥]。二师推让云：'南方有能禅师，密授忍大师衣法，传佛心印，可请彼问。'今遣内侍[⑦]薛简，驰诏迎请，愿师慈念，速赴上京[⑧]。"

师上表[⑨]辞疾，愿终林麓。

注释

①神龙元年上元日：神龙，是唐中宗李显的年号。神龙元年是公元705年。上元，又称上元节、元宵节、灯节。中国的传统节日，每年农历的正月十五日便是此节。上元日就是指正月十五这一天。

②则天、中宗：则天指太后武则天；中宗指唐中宗李显。

③诏：是天子下达臣属的一种命令文体，始于秦始皇，终于清朝。

④朕：意为"我，我的"。这是中国秦始皇时起专用的皇帝自称。

⑤安、秀：安指慧安禅师，秀指神秀大师。

⑥一乘：又称"一佛乘"。是与"三乘"相对的教法。三乘教法谓众生在修习佛法时，有声闻、缘觉、菩萨等三种差别，而一乘教法则谓小乘之声闻、缘觉教法到最后亦终将与菩萨乘的行者相同，都将成佛。因为声闻乘与缘觉乘的教法只是一种权巧方便，并不是佛陀的本怀。佛陀为一大事因缘出世的目的，是在引导一切众生终皆成佛。因此，以成佛为最终归趋的一乘教法才是佛陀弘法的真正意趣所在。这种主张是《法华经》最主要的特色所在。

⑦内侍：官名，指在皇帝宫廷侍奉，供使唤的人。隋，置内侍省，所掌皆宫廷内部事物。虽亦参用士人，主要仍为宦官之

职。唐，沿用不改，全部以太监充当。

⑧上京：这里的京指的是唐朝都城长安。长安是中国历史上一座著名都城。其地点由于历史原因有过迁徙，但大致都位于现在的陕西西安和咸阳附近。先后有十七个朝代及政权建都于长安，总计建都时间超过 1200 年。它是中国历史上建都朝代最多和影响力最大的都城。列中国四大古都之首，同时也是与雅典、罗马和开罗齐名的世界四大文明古都之一。此外，长安还是武则天的年号。

⑨上表：上奏章。

译文

公元 705 年正月十五，太后武则天、唐中宗下诏说：“朕请慧安、神秀两位大师，到宫中接受供养。朕在日理万机、处理朝政的余暇，来向二位大师请教，参究一乘妙理。二位大师谦让推辞说：‘南方曹溪山宝林寺的惠能禅师，曾秘密受持了五祖弘忍大师的衣钵心法，传承佛法心印，可以请他来京请教佛法。’如今派遣内侍薛简，驰往曹溪山宣诏，迎请惠能大师，希望大师能够慈悲为怀，马上进京见驾。”

惠能大师上表，以年老有病推辞，表示愿意终老在山林之中。

经文

薛简曰：“京城禅德[①]皆云：‘欲得会道，必须坐禅习定，若不因禅定而得解脱者，未之有也。’未审师所说法如何？”

师曰：“道由心悟，岂在坐也？经云：‘若言如来若坐若卧，是行邪道。’何故？无所从来，亦无所去，无生无灭，是如来清净禅；诸法空寂，是如来清净坐。究竟无证，岂况坐耶？”

简曰："弟子回京，主上必问，愿师慈悲，指示心要，传奏两宫及京城学道者。譬如一灯，然百千灯，冥者皆明，明明无尽。"

师云："道无明暗，明暗是代谢之义。明明无尽，亦是有尽，相待立名故。《净名经》云：'法无有比，无相待故。'"

简曰："明喻智慧，暗喻烦恼。修道之人，倘不以智慧照破烦恼，无始生死，凭何出离？"

师曰："烦恼即是菩提，无二无别。若以智慧照破烦恼者，此是二乘见解，羊鹿等机。上智大根，悉不如是。"

简曰："如何是大乘见解？"

师曰："明与无明，凡夫见二，智者了达，其性无二。无二之性，即是实性。实性者，处凡愚而不减，在贤圣而不增，住烦恼而不乱，居禅定而不寂。不断不常，不来不去，不在中间，及其内外，不生不灭，性相如如，常住不迁，名之曰道。"

简曰："师说不生不灭，何异外道？"

师曰："外道所说不生不灭者，将灭止生，以生显灭，灭犹不灭，生说不生。我说不生不灭者，本自无生，今亦不灭，所以不同外道。汝若欲知心要，但一切善恶，都莫思量，自然得入清净心体，湛然常寂，妙用恒沙。"

简蒙指教，豁然大悟，礼辞归阙，表奏师语。

注释

①禅德：指修禅习定的高僧大德。

译文

薛简说："长安城里修禅的高僧大德们都说：'要想领会佛教大道，必须要坐禅习定，如果不是因为坐禅习定而得到解脱的人，还从来没有过。'不知道惠能大师所说的教法又是怎样的呢?”

惠能大师说:“佛法大道是由心中体悟的,怎么会是坐禅坐出来的呢?佛经说:‘如果说成佛如来,或是坐出来的,或是卧出来的,那就是在修行邪道。’为什么这么说?既没有所来之处,也没有要归去的地方,没有生也没有灭,这才是如来清净禅;认识到一切万法都是虚幻空寂的,那才是如来清净坐。究竟来说,最终的佛法解脱是无法证明的,更何况是靠坐禅习定呢?”

薛简说:“弟子回到长安京城,皇上一定会问我大师的佛法大义,还希望大师能够慈悲为怀,为弟子指导开示心法要旨,让弟子可以传达禀奏给太后武则天与中宗皇上,以及全京城学佛习禅的人。就好比一盏法灯,点燃了几百几千盏灯,那些原本灰暗的地方都变得光明,灯火相传,将光明永续下去,没有尽头。”

惠能大师说:“佛教大道并无光明与灰暗之区分,光明与灰暗是新陈代谢,相互依存的关系。当光明永续下去,没有尽头的时候,也就是光明的尽头。光明与灰暗是一对相互依存而立的名相而已。《净名经》说:‘佛法是没有办法用来形容和比较的,这是由于没有什么是可以与佛法相对应依持的缘故。’”

薛简说:“光明是用来比喻智慧,灰暗是用来比喻烦恼。修习佛法的人,如果不能以自己的菩提智慧来观照破除诸法烦恼,那么无始以来的生死轮回,又凭什么能够出离解脱呢?”

惠能大师说:“烦恼就是菩提智慧,这不是两种东西,并没有分别。那些想要用智慧来观照破除诸法烦恼的人,是二乘人的见解,是《法华经》所譬喻的乘羊车、鹿车那些人的见解。上等智慧大根器的人,都不是这样理解的。”

薛简说:“怎样才是大乘的见解呢?”

惠能大师说:“光明与灰暗,凡夫俗子们将它们视为两种不同的东西,有大智慧的人明了其中本性,知道它们的本性没有什么分别。没有分别的本性，就是真实的佛性。真实的佛性，处于愚痴凡人身上不会有所减少；处于贤达圣人身上不会有所增加；处于烦恼中不会散乱；处于禅定之中而不会寂灭。没有断灭也没有恒常，没有来也没有去，不在中间，也不在里面和外面，不生起也不毁灭，本性与事相都是真实如一的，恒常存在不变迁，这就叫做佛法大道。”

薛简说：“大师所说的没有生起也没有毁灭，和外道所说之法有什么不同？”

惠能大师说：“外道所说的没有生起也没有毁灭，是将毁灭来止住生起，用生起来显示毁灭。说是毁灭，但其实没有毁灭；说是生起，但其实也没有生起。我所说的没有生起也没有毁灭，是本来就没有生成，如今也不会有毁灭，所以与外道所说不同。你如果想要知道心法要门，就要把一切所谓的善与恶，都不要动心起念地去思考衡量，自然而然地悟入清净心体，了知心体湛然明净恒常静寂，一体之妙用可以多如恒河的沙子。”

薛简蒙受了惠能大师的指导教诲，豁然开朗，当下大悟，向惠能大师行礼告辞，返回京城，上表禀奏了惠能大师的说法。

经文

其年九月三日，有诏奖谕[①]师曰：“师辞老疾，为朕修道，国之福田。师若净名，托疾毗耶[②]，阐扬大乘，传诸佛心，谈不二法。薛简传师指授如来知见，朕积善余庆[③]，宿种善根，值师出世，顿悟上乘，感荷师恩，顶戴无已。并奉磨衲袈裟[④]，及水晶钵[⑤]，敕韶州刺史修饰寺宇，赐师旧居为国恩寺。”

注释

①谕：谕，从言，从俞，俞亦声。“俞”意为“捷径”“直

接”。“言”和“俞”联合起来表示：“直接告诉”，指帝王不通过大臣传话给人民，而是用在城门口、闹市街区张贴文字的形式直接通告人民。

②托疾毗耶：典出《净名经》，也就是《维摩经》。传授当时佛祖在毗耶城说法，居士维摩托疾不来法会，文殊菩萨领佛旨意带领众菩萨、天龙八部及众比丘、长者子等前往问疾。以托疾问疾为由，维摩说法，指出二乘之局限，彰显大乘，并说一佛乘。

③积善余庆：积，积累；善，善事；余庆，指先代的遗泽。积德行善之家，恩泽及于子孙。出自《周易·坤》：“积善之家，必有余庆；积不善之家，必有余殃。”

④磨衲袈裟：磨，指紫磨，属于绫罗类。磨衲袈裟，是袈裟的一种，相传乃高丽所产，以极精致的织物制成。

⑤钵：僧侣所用的食具，像碗，底平，口略小。

译文

这一年的九月三日，皇帝又有诏书下发褒奖赞誉惠能大师说：“惠能大师以年老有病托辞不来，为朕在山林之中专心修行佛道，这是国家的福报啊。惠能大师就好比维摩诘居士一样，以年老有病托辞不出而居住在毗耶离城中，一心一意阐发弘扬大乘佛教，传授一切诸佛的心法要门，谈不二法门。薛简已经上表传达了惠能大师指导教授的如来智慧，这是祖上先皇积德行善，而恩泽及子孙的结果啊，这是累世种下的善果因缘啊。正逢惠能大师出现于世，使我顿悟最上乘佛教法门，感谢大师的恩泽，顶礼不尽。同时奉上高丽所产的磨衲袈裟，以及水晶钵，命令韶州刺史将寺庙殿宇修缮装饰，并将惠能大师新州的旧居赐名为国恩寺。”

付嘱第十

导读

本品是《坛经》的最后一品，记载了惠能大师圆寂之前最后付法嘱托诸位弟子的过程，是惠能大师的最后说法也是临终遗言，将大师一生中所说之法进行了总结。“付嘱品”中，大师为门人弟子将来如何说法利益众生做了详细的示范：首先，须举三科法门，讲说五因、十二入、十八界，揭示出“生六识，出六门，见六尘，如是一十八界，皆从自性起用”的道理；进而，动用三十六种对法，分别是“外境无情五对”“法相语言十二对”“自性起用十九对”，来保证“出没即离两边”，远离一切边见，从而行于中道。具体运用的时候，凡是有问，必以对答，从而表明一切二元对立的双方都是相互依存、互为因果的。而《真假动静偈》与《自性真佛偈》也突出表现了禅宗顿教法门的特点：一切万法都是虚幻不实的，能够在自心中体悟真实，那才是真正的真实。“有情即解动，无情即不动”，一切要随顺自然，不要刻意追求枯木长坐，那样是不会得道的；于动不动，才是第一义上的如如不动。正见起三毒除，明心见性，便是真佛法身。众生即是佛，佛即是众生，“若向性中能自见，即是成佛菩提因”。本品中，惠能大师还开示了禅宗相传之历代谱系，明确了圆寂之后以《坛经》为心法相传。惠能大师圆寂之后，成真身舍利，返归曹溪山。

经文

师一日唤门人法海、志诚、法达、神会、智常、智通、志彻、志道、法珍、法如等，曰："汝等不同余人，吾灭度[①]后，各为一方师。吾今教汝说法，不失本宗。

"先须举三科[②]法门，动用三十六对，出没即离两边。说一切法，莫离自性。忽有人问汝法，出语尽双，皆取对法，来去相因，究竟二法尽除，更无去处。

"三科法门者，阴界入也。阴是五阴，色、受、想、行、识是也；入是十二入，外六尘色、声、香、味、触、法，内六门眼、耳、鼻、舌、身、意是也；界是十八界，六尘、六门、六识是也。自性能含万法，名'含藏识'，若起思量，即是转识。生六识，出六门，见六尘，如是一十八界，皆从自性起用。自性若邪，起十八邪；自性若正，起十八正。若恶用即众生用，善用即佛用。用由何等，由自性有。"

注释

①灭度：即涅槃。灭，指灭尽见思、尘沙、无明三种惑；度，指度脱分段、变易两种生死。《肇论》曰："灭度者，言其大患永灭，超度四流。"《行愿品·钞四》曰："言涅槃者，具云般涅槃那，古译为入灭息。息即是灭故，但云入灭，或云灭度，即灭障度苦也。"

②三科：指五蕴、十二处、十八界，是佛教中对于宇宙万有的广略不同的三种分类，其中最略的是五蕴，最广的是十八界，处中的是十二处。佛说一切法本来有有为、无为，有漏、无漏，世间、出世间等分别，就一切法加以深入的分析和归纳便组织成了蕴处界三科。因此，三科可以说是能总摄一切法。

译文

有一天，惠能大师把门下的十大弟子法海、志诚、法达、神会、智常、智通、志彻、志道、法珍、法如等人叫到身边说："你们几个人和其他人不同，我去世以后，你们应当各为弘化一方的导师，我如今来教你们如何讲说吾宗顿教法门，你们说法的时候不要失去本宗的宗旨。

"你们必须先列举五蕴、十二处、十八界的三科法门，使用三十六种相对法，这样就可以出入时远离对立的两边而行于中道。讲说一切法时，都不要脱离开自性本心。如果突然有人来向你问法，你的答语一定要成双成对，都采取相对的说法。因为相对立之法，对立的两边都是互为因果、相互依存的。当我们把究竟相对的两边都去除的时候，问法的人也就没有什么再可以执著的去处了。

"所谓三科法门，就是指阴、界、入三科。阴是五阴，也叫五蕴，即色、受、想、行、识；入是十二入，就是身外六尘色、声、香、味、触、法，身内六门眼、耳、鼻、舌、身、意；界是指十八界，即六尘、六门和六识。自性本心能够蕴含一切万法，叫做'含藏识'。如果心中生起思量，那便是转识。生起眼识、耳识、鼻识、舌识、身识、意识六识，通过眼、耳、鼻、舌、身、意六门识见色、声、香、味、触、法六尘，这样就是十八界，实际上都是从自性本心上生起的作用。如果自性本心产生了邪见，那么就会产生十八种邪念；如果自性本心是正见的，那么就会产生十八种正念。如果邪恶的意念发生作用，那么就是众生凡人之用；如果善良正念发生作用，那么就是诸佛之用。发生什么样的作用是由什么来决定的呢？都是由自性本心来决定的。"

经文

“对法外境，无情五对：天与地对，日与月对，明与暗对，阴与阳对，水与火对，此是五对也；法相[①]语言十二对：语与法对，有与无对，有色与无色对，有相与无相对，有漏与无漏[②]对，色与空对，动与静对，清与浊对，凡与圣对，僧与俗对，老与少对，大与小对，此是十二对也；自性起用十九对：长与短对，邪与正对，痴与慧对，愚与智对，乱与定对，慈与毒对，戒与非对，直与曲对，实与虚对，险与平对，烦恼与菩提对，常与无常对，悲与害对，喜与瞋对，舍与悭[③]对，进与退对，生与灭对，法身与色身对，化身与报身对，此是十九对也。”

师言：“此三十六对法，若解用，即道贯一切经法，出入即离两边。自性动用，共人言语。外于相离相，内于空离空。若全著相，即长邪见；若全执空，即长无明。执空之人有谤经，直言不用文字。既云不用文字，人亦不合语言。只此语言，便是文字之相。又云，直道不立文字，即此‘不立’两字，亦是文字。见人所说，便即谤他言著文字。汝等须知，自迷犹可，又谤佛经。不要谤经，罪障无数。”

注释

①法相：指诸法之性一，然显现于外之相状各有殊别，称为法相。《维摩经·佛国品》曰：“善解法相，知众生根。”《大乘义章二》曰：“一切世谛有为无为，通名法相。”

②有漏与无漏：漏，是烦恼的别名。“有漏”就是有烦恼；“无漏”就是清净、没有烦恼。一切世间的事体，尽为“有漏法”，离烦恼而出世间的事体，尽为“无漏法”。

③悭：音 qiān。

译文

“所谓三十六种相对法，又分为对内与对外两种情况。对外界无情的事相，有五种对法：天与地对，日与月对，明与暗对，阴与阳对，水与火对，这就是法外无情五对；对事物的本性、相状、语言方面有十二种对法：语与法对，有与无对，有色与无色对，有相与无相对，有漏与无漏对，色与空对，动与静对，清与浊对，凡与圣对，僧与俗对，老与少对，大与小对，这就是法相语言十二对；对自性本心所发生的作用有十九种对法：长与短对，邪与正对，痴与慧对，愚与智对，乱与定对，慈与毒对，戒与非对，直与曲对，实与虚对，险与平对，烦恼与菩提对，常与无常对，悲与害对，喜与瞋对，舍与悭对，进与退对，生与灭对，法身与色身对，化身与报身对，这就是自性起用十九对。”

惠能大师又说：“以上这三十六种对法，如果理解并且运用自如，那就可以贯通一切佛教经典与佛教法门，出入远离对立的两边而行于中道。自性本心发生作用，和人说话时，对外身处诸法万相之中又要远离这些事相，对内对于心念又不要执著于虚空。如果全部执著于事相本身，那就是增长邪见；如果全部执著于空无，那就是增长无明。执著于空无的人常常毁谤佛经，直接说修行佛法不需要文字。既然说不需要文字，那么人也就不该说话。就仅仅这样的话本身，就是文字的事相。那些人又直接说，修行佛法应该‘不立文字’，就只‘不立’这两个字，也是文字。看到有人在讲经说法，就讥讽诽谤他说话执著于文字事相。你们这些人必须要知道，自己迷昧也就罢了，还要再毁谤佛教经典，不要毁谤佛教经典啊，这样做的罪过孽障不可计数啊！”

经文

"若著相于外，而作法求真，或广立道场，说有无之过患，如是之人，累劫不得见性。但听依法修行，又莫百物不思，而于道性窒碍。若听说不修，令人反生邪念。但依法修行，无住相法施。汝等若悟，依此说，依此用，依此行，依此作，即不失本宗。若有人问汝义，问有将无对，问无将有对，问凡以圣对，问圣以凡对，二道①相因，生中道②义。如一问一对，余问一依此作，即不失理也。设有人问：'何名为暗?'答云：'明是因，暗是缘。明没即暗，以明显暗，以暗显明，来去相因，成中道义。'余问悉皆如此，汝等于后传法，依此转相教授，勿失宗旨。"

注释

①二道：这里指相对的两个方面。"二道"在佛教中的含义非常丰富，如指难行道和易行道、有漏道和无漏道、教道和证道等。

②中道义：中道，指不偏于空，也不偏于有，非空非有，亦空亦有，不落二边，圆融无碍。法相宗以"唯识"为中道，三论宗以"八不"为中道，天台宗以"实相"为中道，华严宗以"法界"为中道。中道义，就是指中道的胜义，即这种离互相对立的二边，连中亦不要，绝诸对待的胜义。

译文

"如果执著于外境的事相，而造作出种种方法去求道求真，或者广泛讲说佛法设立道场，口说有无的得失，这样做的人，历经累劫也不能够明心见性。这样的人应该听从正法，依法修行，还要不要什么事情都不想，而在菩提觉性的修持上产生滞碍。如果只是听说而不去真正修行，反而会令人产生邪恶的念想。只要依照正法修行，不要止于事相而去弘法施教。你们几个如果体悟了，就依照我这样去说法，依照这样去使用，依照这样去修行，依照我所说的这样去做，就可以不失去本宗派的宗旨。如果有人来问你佛法大义，问你有，你就用无来相对；问你无，你就要用有来相对；为你凡，你就用圣来相对；为你圣，你就要用凡来相对。相对的两个方面是互为因果的，这样才能不执著于两边而行中道。像这样的一问一答，其他的疑问也要像这样来处理，这样就可以不失去中道之义了。假设有人问你：'为什么叫做暗？'你就要回答：'明是因，暗是缘，明与暗是互为因缘的。光明消失了就是黑暗，光明是用来显示黑暗的，黑暗是用来显示光明的，光明的消失与黑暗的生成是互为因果的，这样就是中道义了。'其他的问题也要这样解答。你们几个今后传授佛法的时候，要依照这样相互相告来传授，不要失去本宗派的旨意。"

经文

师于太极元年壬子，延和七月[①]（是年五月改延和，八月玄宗即位，方改元先天，次年遂改开元。他本作"先天"者非），命门人往新州国恩寺建塔，仍令促工，次年夏末落成。七月一日，集徒众，曰："吾至八月，欲离世间。汝等有疑，早须相问，为汝破疑，令汝迷尽。吾若去后，无人教汝。"法海等闻，悉皆涕泣。惟有神会，神情不动，亦无涕泣。师云："神会小师[②]，却得善不善等，毁誉不动，哀乐不生，余者不得。数年山中，竟修何道？汝今悲泣，为忧阿谁？若忧吾不知去处，吾自知去处。吾若不知去处，终不预报于汝。汝等悲泣，盖为不知吾去处。若知吾去处，即不合悲泣。法性本无生灭去来，汝等尽坐，吾与汝说一偈，名曰《真假动静偈》。汝等诵取此偈，与吾意同，依此修行，不失宗旨。"

众僧作礼，请师说偈，偈曰：

“一切无有真，不以见于真。
若见于真者，是见尽非真。
若能自有真，离假即心真。
自心不离假，无真何处真。
有情即解动，无情即不动。
若修不动行，同无情不动。
若觅真不动，动上有不动。
不动是不动，无情无佛种。
能善分别相，第一义不动。
但作如此见，即是真如用。
报诸学道人，努力须用意。
莫于大乘门，却执生死智。
若言下相应，即共论佛义。
若实不相应，合掌令欢喜。
此宗本无诤，诤即失道意。
执逆诤法门，自性入生死。”

注释

①太极元年壬子，延和七月：太极元年，指712年，这一年唐睿宗三易国号。正月十九日，赦天下，改元太极；五月改元延和元年；唐玄宗即位后，八月又改元先天元年。

②小师：指受具足戒未满十夏者的称呼，也对弟子如此称呼。

译文

公元712年七月（这一年五月，年号“太极”改为“延和”，八月，唐玄宗即位，改元“先天”，第二年又改为“开元”。其他版本有作“先天”的，是错误的），惠能大师命令弟子前往新州国恩寺建塔，还命令弟子催促施工，第二年夏末建成。七月一日，惠能大师召集门下弟子们，说：“我到八月份，将要离开人世间。你们如果还有疑问，必须趁早来问我，我为你们破除疑问，让你们扫尽愚迷。如果我离开世间以后，就没有人教导你们了。”法海等人听了惠能大师的这番话，都在流泪不止。只有神会，神情丝毫不为之所动，也没有哭泣。惠能大师说：“神会是个小禅师，却懂得了善与不善没有分别，面对诋毁与赞誉都不为之所动，心中不生喜怒哀乐，你们其他人却没有做到。这么多年在山中，你们究竟修行到了什么佛道？你们如今这样悲伤哭泣，是在为谁这般忧伤？如果你们是在忧伤我不知道自己的去处，那么我自己知道自己的去处，如果我不知道自己的去处，是不会将我寂灭的消息预先告知你们的。你们这般悲伤哭泣，大概是你们不知道我的去处。如果你们知道我的去处，就不会那么悲伤哭泣了。佛法本性原本就是没有生起与寂灭，没有离去也没有到来的，你们全部坐下，我给你们说一首偈语，名字叫做《真假动静偈》。你们念诵并取纳这首偈语，就与我的心意相同，依照这首偈语修行，就不会迷失本宗派的旨意。”

一众僧人全部行礼，请惠能大师讲说偈语。这首偈语是这样的：“一切万法都是虚幻不实的，所以大家不要将眼前见到的事相作为真实。如果认为已经见到了真实的话，所见到的真实都不是真实的。如果能够在自心中体悟真实，远离诸法假相，那就是心真实。自我本心如果不远离诸法假相，见到的一切都不是真实的，又哪里有真实呢？有情众生就会动，无情草木就不会动，如果有情众生也去常坐不动，那就如同无情草木的不动。如果要想寻觅真正的如如不动，其实那是在动中有不动。如果认为习禅就是枯坐不动和草木一般的话，那些无情草木是没有佛性的。自性本心能够分辨一切诸法事相，但是在第一义上仍然可以如如不动。如果能够有这样的见解，那就是真正了解真如本性的妙用了。奉告各位学习佛法的人，努力修行必须要用心体悟，不要在大乘佛教法门中，却仍然执著于生死世间智。如果言下能够相互契合，那么就可以与之共同讨论佛法大义。如果确实不能相互应和，也要合掌恭敬令他欢喜才是。本宗门原本没有与人无争，如果与人产生争执，那就失去了修道的本意。执著于违逆、争论这些不善法门，心性就会堕入生死流转中不得解脱。”

经文

时，徒众闻说偈已，普皆作礼，并体师意，各各摄心，依法修行，更不敢诤。乃知大师不久住世，法海上座，再拜问曰：“和尚入灭之后，衣法当付何人？”

师曰：“吾于大梵寺说法，以至于今，抄录流行，目曰《法宝坛经》。汝等守护，递相传授，度诸群生。但依此说，是名正法。今为汝等说法，不付其衣，盖为汝等信根淳熟，决定无疑，堪任大事。然据先祖达磨大师付授偈意，衣不合传。偈曰：

吾本来兹土，传法救迷情。

一华开五叶[①]，结果自然成。”

师复曰：“诸善知识！汝等各各净心，听吾说法。若欲成就种智，须达一相三昧、一行三昧。若于一切处，而不住相，于彼相中不生憎爱，亦无取舍，不念利益成坏等事，安闲恬静，虚融澹泊，此名‘一相三昧’。若于一切处，行住坐卧，纯一直心，不动道场，真成净土，此名‘一行三昧’。若人具二三昧，如地有种，含藏长养，成熟其实。一相一行，亦复如是。我今说法，犹如时雨，普润大地。汝等佛性，譬诸种子，遇兹沾洽，悉得发生。承吾旨者，决获菩提；依吾行者，定证妙果。听吾偈。”曰：

“心地含诸种，普雨悉皆萌。
顿悟华情已，菩提果自成。”

师说偈已，曰：“其法无二，其心亦然。其道清净，亦无诸相。汝等慎勿观静，及空其心。此心本净，无可取舍。各自努力，随缘好去。”

尔时，徒众作礼而退。

注释

①一华开五叶：即我们通常所知的“一花五叶”。一花，指佛教传入我国后，禅宗以达磨为祖，代代相传，至惠能创立禅宗，称“一花”；五叶，指禅宗由青原行思一系之下形成了曹洞宗、云门宗、法眼宗；由南岳怀让门下形成了临济宗和沩仰宗，这五个宗派即被称为“五叶”。而后临济宗又分出黄龙派和杨岐派，合称为“七宗”，故又有“五家七宗”之说。

译文

这时，门人弟子们听完惠能大师的这首偈语，都纷纷向大师行礼，都能体悟大师说法的含义，各自收拾本心，依法修行，不再相互争辩。由于知道了惠能大师将不久于人世，法海上座又向惠能大师礼拜，说：“和尚去世之后，衣钵心法又将交付给什么人呢？”

惠能大师说：“我在大梵寺开坛说法，直至今日，所讲说的内容被抄写刻录流通，其名为《法宝坛经》。你们要守护这本经书，相互传递、历代流传以相教授，度化众生。只要依照这本经书说法，就叫做正法。如果我为你们讲说佛法，不再交付给你们衣钵，那是因为你们的信根都已经十分淳熟，正定没有疑惑，可以担负大事重任。而且根据初祖菩提达磨祖师传授的偈语的含义，衣钵是不应该传下来的。那首偈语说道：‘我原本来到中土，就是为了传法救度愚迷的有情众生。一朵禅花上开出了五朵花瓣，菩提妙果自然成就。’”

惠能大师又说：“诸位善知识，你们各自清净本心，听我来为大家讲说佛法。如果想要成就一切种智，就必须达到‘一相三昧’‘一行三昧’。如果身处一切诸法万相之中而又不执著于一切境相，对于一切诸法万相不生起憎恶喜爱之情，也没有取得与舍弃，不顾念利益得失、成功失败这些事，安静闲适、恬淡清净、虚融淡泊，这就叫做‘一相三昧’。如果身处一切诸法万相之中，无论是行走、坐下、卧倒，都能够恒常保持一颗正直真心，道场不动而能够应化四方，当下成就真实净土，这就叫做‘一行三昧’。如果人具有这，就好比地里的种子，经过孕含、蓄藏、生长、养成，以至最后成熟能够结出果实。‘一相三昧’和‘一行三昧’也是这样。我如今讲说佛法，就好比一场及时雨，普遍滋润大地。你们的佛性，就好比种子一样，遇到雨水的滋润，都能够发芽生长。能够秉承我的说法旨意的人，一定能够觉悟菩提大道；依照我的说法修行的人，一定能够证得佛道妙果。请听好我的这首偈语：‘心地中含藏着一切诸法的种子，受到一场及时雨的滋润都得以萌芽生发。一旦顿悟自心之花盛开之后，菩提妙果自然能够结成。’”

惠能大师说完这首偈语，说：“佛法没有不同，自性本心也是如此。菩提佛道本来就是清净的，没有任何诸法事相。你们一定要慎重，不要空坐执著于谈空观静，也不要空寂本心。本心原本就是清净的，没有什么可资取舍的。你们要各自努力，随顺因缘，好好去吧。”

这时，门下弟子们纷纷行礼退下了。

经文

大师七月八日忽谓门人曰：“吾欲归新州，汝等速理舟楫。”大众哀留甚坚。

师曰：“诸佛出现，犹示涅槃。有来必去，理亦常然。吾此形骸，归必有所。”

众曰：“师从此去，早晚可回？”

师曰：“叶落归根，来时无口。”

又问曰：“正法眼藏，传付何人？”

师曰：“有道者得，无心者通。”

又问：“后莫有难否？”

师曰：“吾灭后五六年，当有一人来取吾首。听吾记。”曰：

“头上养亲，口里须餐。
遇满之难，杨柳为官。”①

又云：“吾去七十年，有二菩萨②，从东方来，一出家，一在家，同时兴化，建立吾宗，缔缉伽蓝③，昌隆法嗣。”

注释

①“头上养亲，口里须餐，遇满之难，杨柳为官”：这是一则谶语，也是一个预言。是指后来发生的这样一个佛教故事，讲一个高丽贼和尚，想将六祖大师的头偷回到他国家供养。“头”是指六祖大师的头；“上”是指他很恭敬；“养亲”是指如供养他父母亲一样。这和尚名叫金大悲，他在洪州雇一人叫张净满，来取六祖的头。因张净满为口腹生活，需要吃饭，故受人钱去将圆寂祖师的头给斩来，所以说“口里须餐”。“遇满”，就是遇到张

净满，因为满来了，就要斩六祖大师的头，这也算是一难，故称“遇满之难”。当时的刺史叫柳无忝，县令叫杨侃，故说“杨柳为官”。据说，惠能大师圆寂后五六年，在其肉身塔里，某一晚间有和尚听见有大动静。六祖的徒弟曾听六祖的预言，故将六祖的脖子用铁包上，所以张净满来时，用刀斩这脖子，怎样斩也斩不动，一用力就弄出声响来，惊醒守塔的和尚，此人就匆忙从塔跑出。后来和尚去检查塔里六祖大师的脖子，发现有被人用刀砍的痕迹，于是报绍州刺史及县官，张净满所言与惠能预言丝毫无差。故应验了这一谶语。

②二菩萨：即后面所指的一个出家、一个在家的菩萨。这里也是一个谶语。出家菩萨据说是江西马祖道一禅师，江西所有丛林都是马祖造的，所谓“马祖造丛林，百丈立清规”。在家菩萨据说是庞蕴居士，他全家人都开悟，且在同一时期入涅槃往生。相传庞居士非常富有，他将家中所有万贯金钱，装到一艘大船上，将钱沉到海底送给龙王去庄严他的龙宫，作一最大布施。回来后就编竹笼以维持生活，虽然过着清贫生活，然而一心修道。有一天庞公叹道：“难！难！难！十担芝麻树上摊。”他的太太听后，说：“易！易！易！百草头上祖师意。”他的女儿说：“也不难也不易，饿来吃饭，困来眠。”于此，他们全家都开悟了。另外，另有一说这二菩萨是黄檗禅师和裴休丞相。

③伽蓝：僧伽蓝摩的简称，华译为众园，即僧众所居住的园庭，亦即寺院的通称。

译文

七月八日，惠能大师突然对门人们说：“我想要回新州去，你们马上准备好船只。”弟子们苦苦哀求惠能大师留下，坚决不让大师离去。

惠能大师说：“诸佛出现于世间，都会示现涅槃，有到来，就必然有离去，事情的道理本来就是这样的。我这副形骸身体，也必然有归宿要去。”

弟子们说：“大师从这里离去，什么时候再回来？”

惠能大师说：“落叶终要归根，我来时就没有说什么话。”

弟子们又问：“佛教正法，传付给什么人？”

惠能大师说：“证悟了佛道的人可以得到，没有执著之心的人可以通达。”

弟子们又问：“您离开后会不会有劫难？”

惠能大师说：“我去世五六年之后，会有一个人来盗取我的首级。听好我下面的这首偈语：‘盗取我的首级是为了像双亲般供养，来盗取的人是为了口中的一日三餐才铤而走险，制造这场劫难的人的名字中有一个‘满’字，这场劫难正值姓‘杨’和姓‘柳’的官员来审判处理。’”

惠能大师又说：“我去世七十年以后，会有两位菩萨从东方而来，一位是出家僧人，一位是在家居士，同时兴隆弘化佛法，建立宗派，修缮寺庙殿宇，昌隆禅门法嗣。”

经文

问曰：“未知从上佛祖应现已来，传授几代，愿垂开示。”

师云：“古佛应世，已无数量，不可计也。今以七佛为始，过去庄严劫[①]：毗婆尸佛、尸弃佛、毗舍浮佛。今贤劫[②]：拘留孙佛、拘那含牟尼佛、迦叶佛、释迦文佛，是为七佛。

“已上七佛今以释迦文佛首传。第一摩诃迦叶尊者[③]、第二阿难尊者[④]、第三商那和修尊者[⑤]、第四优波鞠多尊者、第五提多迦尊者、第六弥遮迦尊者、第七婆须蜜多尊者、第八佛驮难提尊者、第九伏驮蜜多尊者、第十胁尊者[⑥]、十一富那夜奢尊者[7]、十二马鸣大士[8]、十三迦毗摩罗尊者、十四龙树大士[9]、十五迦那提婆尊者、十六罗睺罗多尊者、十七僧伽难提尊者、十八伽耶舍多尊者[10]、十九鸠摩罗多尊者、二十阇耶多尊者、二十一婆修盘头尊者、二十二摩拏罗尊者、二十三鹤勒那尊者、二十四师子尊者、二十五婆舍斯多尊者、二十六不如蜜多尊者、二十七般若多罗尊者、二十八菩提达磨尊者（此土是为初祖）、二十九慧可大师[11]、三十僧璨大师[12]、三十一道信大师[13]、三十二弘忍大师、惠能是为三十三祖。从上诸祖，各有禀承。汝等向后，递代流传，毋令乖误。”

注释

①庄严劫：劫有大、中、小三种，现在之大劫称“贤劫”，过去之大劫称“庄严劫”，未来之大劫称“星宿劫”。每一劫中，各有千佛出现。以下出现的毗婆尸佛、尸弃佛、毗舍浮佛就为过去庄严劫千佛中的三佛。第一位是毗婆尸佛，为第九百九十八尊，译为胜观、种种观、胜见，或种种见。第二位是尸弃佛，译为火，是庄严劫第九百九十九尊佛。第三位毗舍浮佛，是庄严劫最后一位佛。

②贤劫：现在之大劫称“贤劫”，在此贤劫中，有一千尊佛出世，故又名“善劫”。第一位佛名拘留孙佛，译为“所应供”，一般人天都应供养他，另一译为“庄严”。第二位佛名拘那含牟尼佛。第三位佛名迦叶佛。第四位佛名释迦文佛，也就是释迦牟尼佛，即现在娑婆世界的教主。连同庄严劫的三佛，这就是离我们最近的七佛。

③摩诃迦叶尊者：亦称大迦叶，为佛十大弟子之一。修行头陀苦行，以“头陀第一”著称。后佛于灵山会上，百千万人天围绕之中，手拈大梵天王所献金檀木花示众，其他人都不知是怎么

一回事，唯独迦叶尊者破颜微笑。佛说：“吾有正法眼藏，涅槃妙心，实相无相，教外别传，以心印心此法门，已咐嘱于摩诃迦叶。”这就是“佛祖拈花，迦叶微笑”的典故。（限于篇幅，以下的二十七祖，不尽介绍。）

④阿难尊者：又称阿难陀，王舍城人，佛陀的堂弟，也是他的侍者。是佛陀释迦牟尼十大弟子中的一位，被称为“多闻第一”。据说他继承摩诃迦叶之后，成为僧团的领导者，被奉为禅宗的西天二祖。

⑤商那和修尊者：相传此尊者一生出来就穿着一件衣服，他人长，衣服也随着他长。阿难尊者度他出家后，他身上的衣服就变成法服。受具足戒后，其衣又自然变为僧伽服，等他将要圆寂时，他将此衣留下说：“当释迦牟尼佛法灭尽后，此衣才会坏。法若未灭，此衣仍是存在的。”

⑥胁尊者：传说此尊者在母胎住了六十多年，既生之后，头发和胡须都白了。出生后就欢喜修行，后遇第九祖伏驮蜜多尊者，将佛的心印法门传给他。

⑦富那夜奢尊者：传说富那夜奢尊者曾问十祖胁尊者：“怎样才可成佛？”胁尊者答：“现在没有成的就是。”富那夜奢尊者又问：“现在未成的就是佛，那我怎么知道这未成的就是佛呢？”胁尊者说：“你怎知道这未成的就不是佛呢？”就在这一问一答间，富那夜奢尊者开悟了，于是胁尊者就将心法传给了他。

⑧马鸣大士：大士，是菩萨的别名。由于他一说法，马就会叫，因有这种感应，故叫马鸣大士。相传此大士绝顶聪明，因知他机缘成熟，故富那夜奢尊者就去度化他为第十二代祖师。马鸣大士问富那夜奢尊者说：“我想要认识佛，要如何才认识佛呢？”富那夜奢尊者说：“你不认识的就是佛。”马鸣大土说：“不认识的就是佛。那么我不认识佛，怎么才知道他是佛呢？”富那夜奢

尊者说："你既不认识佛，又怎知不是佛呢？"马鸣大士回答道："此是锯义。"就是说这种对话就像锯子那样来回锯，我说这样，你说那样。富那夜奢尊者说："彼是木义。锯义是什么意思？"马鸣大士说："和您一样。那木义是什么意思？"富那夜奢尊者说："汝被我解。"就是说你被我锯开了。如此一讲，马鸣大士豁然开悟，随即出家，富那夜奢尊者便传法给他。

⑨龙树大士：他是印度大乘佛教中观派（空宗）的奠基人，发扬大乘教义，著有《中观论》《大智度论》等。

⑩伽耶舍多尊者：传说十七祖僧伽难提尊者问一童子说："你几岁了？"童子答："我一百岁了。"十七祖说："你年纪这么轻，怎会一百岁？"童子答："若我百岁而不明白佛法，不如出生一天而能明白佛法。"十七祖见此童子如此聪明，就度他出家而传法给他，为第十八祖，这就是伽耶舍多尊者。

⑪慧可大师（487—593）：南北朝时高僧，河南洛阳人，初名神光，后在嵩山少林寺拜达磨为师，改名为慧可，承接达磨的衣钵，为禅宗中土第二祖。

⑫僧璨大师（？—606）：隋代高僧，江苏徐州人，隐于舒州皖公山。后遇周武宗灭佛，虽往来太湖县司空山。炀帝大业二年寂。唐玄宗谥为"鉴智禅师"。

⑬道信大师（580—651）：俗姓司马，于陈太建十二年（580）在永宁县（故址在湖北武穴）出生，"生而超异"。七岁时因"幼慕空宗"的各种解脱法门而出家，最初所依之师不知是何人，由于此僧"戒行不纯"，道信多次陈谏都无济于事，只好"密怀斋检"，"经于五载而师不知"。后来他听说有二僧"入舒州皖公山静修禅业"，遂"闻而往赴，便蒙授法。随逐依学，遂经十年"。隋大业年间（605—607），道信才为政府所允许出家，配住吉州寺。后逢吉州"被贼围城，七十余日，城中乏水，人皆

困弊”。在这种情况下，道信提倡“但念般若，乃令合城同时合声”高念，须臾“外贼见城四角。大人力士，威猛绝伦，思欲得见”。不久，“群贼即散”。此事令道信名声大震。后来，道信渡江进入黄梅至破头山，道俗为他“造寺，依然山行”，道信见此处“有好泉石，即住终志”。道信在此弘法三十余载，改革古风，定居收徒，坐作并行，以农养禅，首创禅融般若、禅戒合一、顿渐并用，开后世南宗、北宗之先河。唐太宗李世民曾三诏道信入京，均上表辞谢。第四次，唐太宗派遣使者说：“如果不起，即取首来。”道信引颈就刃，神色俨然。唐太宗闻后，更加钦佩。唐高宗永徽二年（651）闰九月四日，道信对门人说：“一切诸法，悉皆解脱。汝等各自护念，流化未来。”说完，端坐而逝，世寿七十二，谥“大医禅师”。

译文

弟子们问道：“不知道从佛祖应现以来，至今已经传授佛法多少代？还请大师开示。”

惠能大师说：“从远古的佛应身出世，已经有无数无量，不可计算了。如今我们就从七佛开始，在过去的庄严劫中，有毗婆尸佛、尸弃佛、毗舍浮佛，在如今的贤劫中，有拘留孙佛、拘那含牟尼佛、迦叶佛、释迦牟尼佛，这就是七佛。

以上这七佛中，如今以释迦牟尼佛为首传，往下而论，第一、摩诃迦叶尊者，第二、阿难尊者，第三、商那和修尊者，第四、优波鞠多尊者，第五、提多迦尊者，第六、弥遮迦尊者，第七、婆须蜜多尊者，第八、佛驮难提尊者，第九、伏驮蜜多尊者，第十、胁尊者，第十一、富那夜奢尊者，第十二、马鸣大士，第十三、迦毗摩罗尊者，第十四、龙树大士，第十五、迦那提婆尊者，第十六、罗睺罗多尊者，第十七、僧伽难提尊者，第十八、伽耶舍多尊者，第十九、鸠摩罗多尊者，第二十、阇耶多尊者，第二十一、婆修盘头尊者，第二十二、摩拏罗尊者，第二十三、鹤勒那尊者，第二十四、师子尊者，第二十五、婆舍斯多尊者，第二十六、不如蜜多尊者，第二十七、般若多罗尊者，第二十八、菩提达磨尊者（菩提达磨就是中土初祖），第二十九、慧可大师（此为中土二祖），第三十、僧璨大师（此为中土三祖），第三十一、道信大师（此为中土四祖），第三十二、弘忍大师（此为中土五祖），惠能就是第三十三祖（也就是中土六祖）。以上诸位祖师之间，每个之间都有师承法脉。你们以后，要把禅宗法脉每一代都流传下去，不要让产生谬误。”

经文

大师先天二年癸丑岁[①]八月初三日（是年十二月改元开元），于国恩寺斋罢，谓诸徒众曰：“汝等各依位坐，吾与汝别。”

法海白言：“和尚留何教法，令后代迷人得见佛性？”

师言：“汝等谛听，后代迷人，若识众生，即是佛性；若不识众生，万劫觅佛难逢。吾今教汝，识自心众生，见自心佛性。欲求见佛，但识众生。只为众生迷佛，非是佛迷众生。自性若悟，众生是佛；自性若迷，佛是众生。自性平等，众生是佛；自性邪险，佛是众生。汝等心若险曲，即佛在众生中。一念平直，即是众生成佛。我心自有佛，自佛是真佛。自若无佛心，何处求真佛？汝等自心是佛，更莫狐疑。外无一物而能建立，皆是本心生万种法。故经云：‘心生种种法生，心灭种种法灭。’吾今留一偈，与汝等别，名《自性真佛偈》。后代之人，识此偈意，自见本心，自成佛道。”偈曰：

“真如自性是真佛，邪见三毒是魔王。

邪迷之时魔在舍，正见之时佛在堂。
性中邪见三毒生，即是魔王来住舍。
正见自除三毒心，魔变成佛真无假。
法身报身及化身，三身本来是一身。
若向性中能自见，即是成佛菩提因。
本从化身生净性，净性常在化身中。
性使化身行正道，当来圆满真无穷。
淫性本是净性因，除淫即是净性身。
性中各自离五欲，见性刹那即是真。
今生若遇顿教门，忽悟自性见世尊。
若欲修行觅作佛，不知何处拟求真。
若能心中自见真，有真即是成佛因。
不见自性外觅佛，起心总是大痴人。
顿教法门今已留，救度世人须自修。
报汝当来学道者，不作此见大悠悠。"

注释

①先天二年癸丑岁：先天二年，指唐玄宗先天二年，公元713年。这一年的十二月即改元开元。癸丑岁指中国传统纪年农历的干支纪年中一个循环的第50年。

译文

惠能大师于公元713年八月初三（这一年的十二月改元为"开元"），在国恩寺吃完斋饭后，对一众弟子们说："你们都各自回到自己的位子上坐好，我与你们告别。"

法海说道："和尚，您要给我们留下什么教法，让后代愚迷之人得以明心见性，悟见自己的佛性？"

惠能大师说："你们认真听我说，后代愚迷的人，如果能够识见众生，那就是识见佛性；如果不能够识见众生，即使历经万劫之久去寻找佛性，也难以找到。我如今教导你们，识见自心众生，就是识见了自心佛性。想要觅求识见佛性，只要识见众生。只因为是众生愚迷，不能识见佛性，而不是佛性愚迷，不能识见众生。如果自性觉悟，那么众生都是佛，如果自性愚迷，那么佛也是众生。自性本心如果是平等无二、无所执著的，所以众生皆有佛性，众生皆可成佛；自性本心如果是邪恶阴险的，那么佛性也会被无明邪见所遮盖，佛也是众生。你们的心如果阴险歪曲，那么你们的佛性也会堕入无明众生中。如果一念间本心平等正直，那就是众生都能成佛。自己如果都没有真如佛心，还到哪里去求真佛呢？你们的自性本心就是佛性，不要再有什么怀疑了。在外没有一物可以真实建立，其实都是自性本心所生出的万法幻象而已。所以佛经上说：‘心念一生，种种法也跟着生起；心念一灭，种种法也就随之寂灭。’我如今给你们留下一首偈语，与你们告别，这首偈语名叫《自性真佛偈》。后代的人，如果能认识到这首偈语的真意，明心见性，就能够自己成就佛道。”

这首偈语是这样的：“真如自性就是真正的佛，邪见和三毒就是扰乱心境的魔；邪见愚迷的时候心魔在心舍，正见生起的时候佛在心之堂中。自性中生起邪见三毒，就是心魔来侵占心舍了；正见生起除去三毒邪心，心魔便变成真正不假的佛。法身、报身、化身，这三身原本是一身，如果能从自性中自己识见一体三身，那就是成佛的菩提正因。原本是从化身中认识清净法身的，清净之性就在化身之中，清净法性使化身行正道，将来圆满成就报身真正无穷无尽。淫邪之性原本是以清净自性为正因，去除淫邪之性就是清净法身。在自性中各自远离五欲，刹那见明心见性便是真佛法身。今生中如果遇见顿教法门，忽然体悟自性本心见到真佛世尊。如果想要修行寻觅成佛之路，不知道真佛在哪又怎样求见呢？如果能够心中自己识见真如本性，有真如本性就是成佛的正因。不能识见自己的真如佛性而向外寻觅成佛，起如此心念的总是一些愚痴之人啊。顿教法门我如今已经留给你们了，救度世间众生必须要自己修行。奉告将来学习佛法的人，不能具有如此见地的话，就整日荒谬悠悠的度日了。”

经文

师说偈已，告曰：“汝等好住！吾灭度后，莫作世情悲泣雨泪。受人吊问①，身着孝服②，非吾弟子，亦非正法。但识自本心，见自本性，无动无静，无生无灭，无去无来，无是无非，无住无往。恐汝等心迷，不会吾意，今再嘱汝，令汝见性。吾灭度后，依此修行，如吾在日。若违吾教，纵吾在世，亦无有益。”复说偈曰：

“兀兀③不修善，腾腾④不造恶。
寂寂⑤断见闻，荡荡⑥心无著。”

师说偈已，端坐至三更，忽谓门人曰：“吾行矣。”奄然迁化。于时异香满室，白虹属地，林木变白，禽兽哀鸣。

十一月，广、韶、新三郡官僚，洎⑦门人僧俗，争迎真身⑧，莫决所之，乃焚香祷曰：“香烟指处，师所归焉。”时香烟直贯曹溪。十一月十三日，迁神龛⑨并所传衣钵而回。次年七月出龛，弟子方辩以香泥上之。门人忆念取首之记，仍以铁叶漆布，固护师颈入塔。忽于塔内白光出现，直上冲天，三日始散。韶州奏闻，奉敕立碑，纪师道行。

师春秋七十有六，年二十四传衣，三十九祝发⑩，说法利生，三十七载，嗣法四十三人，悟道超凡者莫知其数。达磨所传信衣（西域屈眴布⑪也），中宗赐磨衲宝钵，及方辩塑师真相，并道具，永镇宝林道场。留传《坛经》，以显宗旨，兴隆三宝，普利群生者。

注释

①吊问：指吊祭死者，慰问其家属。

②孝服：指居丧期穿的白布或麻布丧服。

③兀兀：指如如不动的样子。

④腾腾：指逍遥自在，悠游自得的样子。

⑤寂寂：指安静又安详的样子。

⑥荡荡：指平坦，宽广无有边际的样子。

⑦洎：原本是到达的意思。这里通“及”，意为“以及”。

⑧真身：这里指惠能大师的肉身舍利。

⑨神龛：即佛龛，这里指盛放惠能大师坐化的真身舍利的棺木。

⑩祝发：祝，切断。祝发，即落发。

⑪屈眴布：屈眴，译为第一布、第一好布，或大细布。系以木棉之花心纺织而成。即达磨所传之七条衣，内面为碧色，原传自师子尊者。《高僧传》卷八《惠能传》言：“其塔下葆藏屈眴布郁多罗僧，其色青黑，碧缣复夹，非人间所有物也。”

译文

惠能大师说完这首偈语，对弟子们说：“你们要好好留住世间！我去世以后，不要和世间人那样悲伤哭泣泪如雨下，接受别人的吊祭慰问，身穿孝服，这样的人不是我的弟子，也不合真正的佛法。你们只要识见自我本心，识见自我本性，没有动也没有静，没有生也没有灭，没有去也没有来，没有是也没有非，没有住也没有往。我恐怕你们心中愚迷，不能领会我的意思，我再次叮嘱你们，让你们明心见性。我去世以后，你们要依照我说的话精进修行，就好像我在世的日子一样。如果违反我的教法，纵使我还活在世上，也没有什么益处。”又说一首偈语道：“如如不动不修善因，逍遥自在也不造恶业，安静死寂断除了见闻，荡荡平坦心中无所执著。”

惠能大师说完这首偈语，端坐到三更时分，忽然对门下弟子说：“我走了。”便奄然坐化了。在那个时候一股奇异的香气弥漫整个房间，一道白虹从天而降，整个山林都变成凄白一片，林中禽兽也全都哀鸣不已。

十一月，广州、韶州、新州三个郡县的官僚，以及惠能大师门下的僧俗弟子，争相迎请大师的真身舍利，不能决定到底归向何地，于是便焚香祈祷说：“香烟所指归的地方，就是惠能大师的归身之处。”这时香烟直指曹溪。十一月十三日，盛放惠能大师坐化的真身舍利的神龛与大师所传的衣钵袈裟返回曹溪山。第二年七月，将惠能大师坐化的真身舍利搬出佛龛，弟子方辩在真身上涂上了一层香泥保护。大师门下的弟子回忆起有人会盗取大师首级的偈语，便事先用薄铁片和漆布，加固保护了惠能大师真身舍利的脖子，然后才将大师的真身舍利放进佛塔之中。忽然从佛塔中出现一道白光，直冲上天，三天才开始消散。韶州刺史将这件事情上报朝廷之后，圣旨下达，奉命修建功德碑，记载惠能大师的一生道行。

惠能大师世寿七十六，二十四岁得传衣钵心法，三十九岁剃度出家，讲说佛法，利益众生三十七年，嗣法弟子四十三人，因受惠能大师指点开示而开悟得道超凡入圣之人无以计数。菩提达磨大师所传之衣钵袈裟（是西域屈眴布做成的）、唐中宗御赐的磨衲宝钵，以及方辩雕塑的惠能大师的真身塑像，连同大师所用的佛法用具，永远镇守宝林道场，留下《坛经》广为流传，以彰显本门宗派的教旨，兴隆佛、法、僧三宝，普度利益一切众生。

附录:《敦博本六祖坛经》

南宗顿教最上大乘摩诃般若波罗蜜经

六祖惠能大师于韶州大梵寺施法坛经一卷

——兼授无相戒

弘法弟子法海集记　　黄连忠校订

【第一折】

惠能大师于大梵寺讲堂中，升高座，说摩诃般若波罗蜜法，授无相戒。其时座下僧尼、道俗一万余人，韶州刺史韦据及诸官僚三十余人，儒士三十余人，同请大师说摩诃般若波罗蜜法。刺史遂令门人僧法海集记，流行后代，与学道者承此宗旨，递相传授，有所依约，以为禀承，说此《坛经》。

【第二折】

能大师言："善知识！净心念摩诃般若波罗蜜法。"大师不语，自净心神，良久乃言："善知识静听：惠能慈父，本官范阳，左降迁流岭南，作新州百姓。惠能幼小，父亦早亡。老母孤遗，移来南海。艰辛贫乏，于市卖柴。忽有一客买柴，遂领惠能至于官店，客将柴去。惠能得钱，却向门前，忽见一客读《金刚经》。惠能一闻，心明便悟。乃问客曰：'从何处来，持此经典？'客答曰：'我于蕲州黄梅县东冯茂山，礼拜五祖弘忍和尚，现今在彼，门人有千余众。我于彼听见大师劝道俗，但持《金刚经》一卷，即得见性，直了成佛。'惠能闻说，宿业有缘，便即辞亲，往黄梅冯茂山礼拜五祖弘忍和尚。"

【第三折】

弘忍和尚问惠能曰："汝何方人？来此山礼拜吾，汝今向吾边，复求何物？"惠能答曰："弟子是岭南人，新州百姓，今故远来礼拜和尚，不求余物，唯求作佛。"大师遂责惠能曰："汝是岭南人，又是猎獠，若为堪作佛！"惠能答曰："人即有南北，佛性即无南北；猎獠身与和尚不同，佛性有何差别？"大师欲更共语，见左右在旁边，大师便不言，遂发遣惠能令随众作务。时有一行者，遂差惠能于碓坊踏碓八个余月。

【第四折】

五祖忽于一日唤门人尽来，门人集讫。五祖曰："吾向汝说，世人生死事大。汝等门人，终日供养，只求福田，不求出离生死苦海。汝等自性迷，福门何可救汝？汝等且归房自看，有智慧者，自取本性般若之智，各作一偈呈吾。吾看汝偈，若悟大意者，付汝衣法，禀为六代。火急作！"

【第五折】

门人得处分，却来各至自房，递相谓言："我等不须澄心用意作偈，将呈和尚。神秀上座是教授师，秀上座得法后，自可依止，偈不用作！"诸人息心，尽不敢呈偈。时大师堂前有三间房廊，于此廊下供养，欲画楞伽变，并画五祖大师传授衣法流行后代为记。画人卢珍看壁了，明日下手。

【第六折】

上座神秀思维，诸人不呈心偈，缘我为教授师，我若不呈心偈，五祖如何得见我心中见解深浅？我将心偈上五祖呈意，求法即善，觅祖不善，却同凡心夺其圣位。若不呈心偈，终不得法。良久思维，甚难甚难！夜至三更，不令人见，遂向南廊下中间壁上题作呈心偈，欲求衣法。若五祖见偈，言此偈语，若访觅我，我见和尚，即云是秀作。五祖见偈言不堪，自是我迷，宿业障重，不合得法，圣意难测，我心自息。秀上座三更于南廊下中间壁上秉烛题作偈，人尽不知。偈曰：

身是菩提树，心如明镜台，时时勤拂拭，莫使有尘埃。

【第七折】

神秀上座题此偈毕，却归房卧，并无人见。五祖平旦，遂唤卢供奉来南廊下，画楞伽变。五祖忽见此偈，读讫，乃谓供奉曰："弘忍与供奉钱三十千，深劳远来，不画变相也。《金刚经》云：'凡所有相，皆是虚妄。'不如留此偈，令迷人诵。依此修行，不堕三恶；依法修行，有大利益。"大师遂唤门人尽来，焚香偈前，众人见已，皆生敬心。弘忍曰："汝等尽诵此偈者，方得见性，依此修行，即不堕落。"门人尽诵，皆生敬心，唤言善哉！五祖遂唤秀上座于堂内，问："是汝作偈否？若是汝作，应得我法。"秀上座言："罪过！实是神秀作。不敢求祖，愿和尚慈悲，看弟子有小智慧识大意否？"五祖曰："汝作此偈，见解只到门前，尚未得入。凡夫依此偈修行，即不堕落；作此见解，若觅无上菩提，即不可得。要入得门，见自本性。汝且去，一两日思维，更作一偈来呈吾，若入得门，见自本性，当付汝衣法。"秀上座去数日，作偈不得。

【第八折】

有一童子，于碓坊边过，唱诵此偈。惠能一闻，知未见性，即识大意。能问童子："适来诵者，是何言偈？"童子答能曰："你不知大师言生死事大，欲传衣法，令门人等各作一偈来呈吾看，悟大意，即付衣法，禀为六代祖。有一上座名神秀，忽于南廊下书无相偈一首，五祖令诸门人尽诵，悟此偈者，即见自性；依此修行，即得出离。"惠能答曰："我此踏碓八个余月，未至堂前，望上人引惠能至南廊下，见此偈礼拜，亦愿诵取，结来生缘，愿生佛地。"童子引能至南廊下，能即礼拜此偈。为不识字，请一人读。惠能闻已，即识大意。惠能亦作一偈，又请得一解书人，于西间壁上题著，呈自本心，不识本心，学法无益，识心见性，即悟大意。惠能偈曰：

菩提本无树，明镜亦无台，佛性常清净，何处有尘埃？

又偈曰：

身是菩提树，心为明镜台，明镜本清净，何处染尘埃？

院内徒众，见能作此偈，尽怪，惠能却入碓坊。五祖忽来廊下，见惠能偈，即知识大意。恐众人知，五祖乃谓众人曰："此亦未得了。"

【第九折】

五祖夜至三更，唤惠能堂内，说《金刚经》。惠能一闻，言下便悟。其夜受法，人尽不知，便传顿教法及衣，以为六代祖。衣将为信禀，代代相传；法以心传心，当令自悟。五祖言："惠能！自古传法，气如悬丝！若住此间，有人害汝，汝即须速去。"

【第十折】

能得衣法，三更发去。五祖自送能至九江驿，登时便别，五祖处分："汝去，努力将法向南，三年勿弘此法，难去在后弘化，善诱迷人，若得心开，与吾悟无别。"辞违已了，便发向南。

【第十一折】

两月中间，至大庾岭，不知向后有数百人来，欲拟捉惠能，夺衣法，来至半路，尽总却回。唯有一僧，姓陈名惠顺，先是三品将军，性行粗恶，直至岭上，来趁把着，惠能即还法衣，又不肯取。惠顺曰："我故远来求法，不要其衣。"能于岭上，便传法惠顺，惠顺得闻，言下心开，能使惠顺即却向北化人。

【第十二折】

惠能来于此地，与诸官僚道俗，亦有累劫之因。教是先圣所传，不是惠能自知。愿闻先圣教者，各须净心，闻了愿自除迷，如先代悟。（下是法）惠能大师唤言："善知识！菩提般若之智，世人本自有之，即缘心迷，不能自悟，须求大善知识示道见性。善知识！愚人智人，佛性本亦无差别，只缘迷悟，迷即为愚，悟即成智。

【第十三折】

善知识！我此法门，以定慧为本。第一勿迷，言慧定别，定慧体一不二。即定是慧体，即慧是定用。即慧之时定在慧，即定之时慧在定。善知识！此义即是定慧等。学道之人作意，莫言先定发慧，先慧发定，定慧各别。作此见者，法有二相，口说善，心不善，慧定不等；心口俱善，内外一种，定慧即等。自悟修行，不在口诤。若诤先后，即是迷人。不断胜负，却生法我，不离四相。"

【第十四折】

一行三昧者，于一切时中，行、住、坐、卧，常行直心是。《净名经》云："直心是道场，直心是净土。"莫心行谄曲，口说法直，口说一行三昧，不行直心，非佛弟子。但行直心，于一切法上，无有执著，名一行三昧。迷人著法相，执一行三昧，直言坐不动，除妄不起心，即是一行三昧。若如是，此法同无情，却是障道因缘。道须通流，何以却滞？心不住法，道即通流，住即被缚。若坐不动是，维摩诘不合呵舍利弗宴坐林中。善知识！又见有人教人坐，看心看净，不动不起，从此置功。迷人不悟，便执成颠，即有数百般如此教道者，故知大错。

【第十五折】

善知识！定慧犹如何等？如灯光，有灯即有光，无灯即无光。灯是光之体，光是灯之用。名即有二，体无两般。此定慧法，亦复如是。

【第十六折】

善知识！法无顿渐，人有利钝。迷即渐劝，悟人顿修。识自本心，是见本性，悟即原无差别，不悟即长劫轮回。

【第十七折】

善知识！我此法门，从上以来，顿渐皆立无念为宗，无相为体，无住为本。何名无相？无相者，于相而离相。无念者，于念而不念。无住者，为人本性，念念不住，前念、今念、后念，念念相续，无有断绝。若一念断绝，法身即离色身。念念时中，于一切法上无住。一念若住，念念即住，名系缚。于一切法上，念念不住，即无缚也，是以无住为本。善知识！外离一切相，是无相。但能离相，性体清净。是以无相为体，于一切境上不染，名为无念。于自念上离境，不于法上生念。莫百物不思，念尽除却，一念断即无，别处受生。学道者用心，莫不识法意。自错尚可，更劝他人迷，不见自迷，又谤经法。是以立无念为宗。即缘迷人于境上有念，念上便起邪见，一切尘劳妄念从此而生。然此教门立无念为宗，世人离境，不起于念，若无有念，无念亦不立。无者无何事？念者念何物？无者，离二相诸尘劳；念者，念真如本性。真如是念之体，念是真如之用。自性起念，虽即见闻觉知，不染万境，而常自在。《维摩经》云："外能善分别诸法相，内于第一义而不动。"

【第十八折】

善知识！此法门中，坐禅原不著心，亦不著净，亦不言不动。若言看心，心原是妄，妄如幻故，无所看也。若言看净，人性本净，为妄念故，盖覆真如。离妄念，本性净。不见自性本净，起心看净，却生净妄，妄无处所。故知看者，看却是妄也。净无形相，却立净相，言是功夫，作此见者，障自本性，却被净缚。若修不动者，不见一切人过患，即是自性不动。迷人自身不动，开口即说人是非，与道违背。看心看净，却是障道因缘。

【第十九折】

今既如是，此法门中，何名坐禅？此法门中，一切无碍，外于一切境界上念不起为坐，见本性不乱为禅。何名为禅定？外离相曰禅，内不乱曰定。外若离相，内性不乱。本性自净曰定，只缘境触，触即乱，离相不乱即定。外离相即禅，内不乱即定，外禅内定，故名禅定。《维摩经》云："实时豁然，还得本心。"《梵网菩萨戒经》云："本源自性清净。"善知识！见自性自净，自修自作自性法身，自行佛行，自作自成佛道。

【第二十折】

善知识！总须自体与受无相戒。一时，逐惠能口道，令善知识见自三身佛：于自色身，归依清净法身佛；于自色身，归依千百亿化身佛；于自色身，归依当身圆满报身佛。（以上三唱）色身是舍宅，不可言归，向者三身佛在自法性，世人尽有，为迷不见，外觅三身如来，不见自色身中三身佛。善知识！听与善知识说，令善知识于自色身见自法性有三身佛，此三身佛从自性上生。何名清净法身佛？善知识！世人性本自净，万法在自性。思量一切恶事，即行于恶行；思量一切善事，便修于善行。知如是一切法尽在自性，自性常清净，日月常明。只为云覆盖，上明下暗，不能了见日月星辰，忽遇慧风吹散卷尽云雾，万象森罗，一时皆现。世人性净，犹如清天。慧如日，智如月，智慧常明。于外著境，妄念浮云盖覆，自性不能明故。遇善知识，开真正法，吹却迷妄，内外明澈，于自性中，万法皆现。一切法在自性，名为清净法身。自归依者，除不善心与不善行，是名归依。何名为千百亿化身佛？不思量，性即空寂；思量，即是自化。思量恶法，化为地狱；思量善法，化为天堂。思量毒害，化为畜生；思量慈悲，化为菩萨。思量智慧，化为上界；思量愚痴，化为下方。自性变化甚多，迷人自不知见。一念善，智慧即生，此名自性化身佛。何名为圆满报身佛？一灯能除千年暗，一智能灭万年愚。莫思向前，常思于后，常后念善，名为报身。一念恶，报却千年善心；一念善，报却千年恶灭。无常以来，后念善，名为报身。从法身思量，即是化身；念念善，即是报身。自悟自修，即名归依也。皮肉是色身，色身是舍宅，不在归依也。但悟三身，即识大意。

【第二十一折】

今既自归依三身佛已，与善知识发四弘大愿。善知识！一时逐惠能道：众生无边誓愿度，烦恼无边誓愿断，法门无边誓愿学，无上佛道誓愿成。（三唱）善知识！众生无边誓愿度，不是惠能度，善知识心中众生，各于自身自性自度。何名自性自度？自色身中，邪见烦恼，愚痴迷妄，自有本觉性。只本觉性，将正见度。既悟正见般若之智，除却愚痴迷妄。众生各各自度，邪来正度，迷来悟度，愚来智度，恶来善度，烦恼来菩提度，如是度者，是名真度。烦恼无边誓愿断，自心除虚妄。法门无边誓愿学，学无上正法。无上佛道誓愿成，常下心行，恭敬一切，远离迷执，觉智生般若，除却迷妄，即自悟佛道成，行誓愿力。

【第二十二折】

今既发四弘誓愿讫，与善知识授无相忏悔，灭三世罪障。大师言：善知识！前念、后念及今念，念念不被愚迷染。从前恶行一时除，自性若除即是忏；前念后念及今念，念念不被愚痴染，除却从前矫诳心，永断名为自性忏。前念、后念及今念，念念不被疽疾染，除却从前嫉妒心，自性若除即是忏。（以上三唱）善知识！何名忏悔？忏者终身不作，悔者知于前非。恶业恒不离心，诸佛前口说无益，我此法门中，永断不作，名为忏悔。

【第二十三折】

今既忏悔已，与善知识授无相三归依戒。大师言："善知识！

归依觉，两足尊；归依正，离欲尊；归依净，众中尊。从今以后，称佛为师，更不归依邪迷外道，愿自三宝慈悲证明。善知识！惠能劝善知识归依三宝。佛者，觉也；法者，正也；僧者，净也。自心归依觉，邪迷不生，少欲知足，离财离色，名两足尊。自心归依正，念念无邪故，即无爱着，以无爱着，名离欲尊。自心归依净，一切尘劳妄念，虽在自性，自性不染着，名众中尊。凡夫不解，从日至日，受三归依戒。若言归佛，佛在何处？若不见佛，即无所归；既无所归，言却是妄。善知识！各自观察，莫错用意，经中只言自归依佛，不言归依他佛。自性不归，无所依处。”

【第二十四折】

今既自归依三宝，总各各至心，与善知识说摩诃般若波罗蜜法。善知识虽念不解，惠能与说，各各听。摩诃般若波罗蜜者，西国梵语，唐言大智慧到彼岸。此法须行，不在口念。口念不行，如幻如化。修行者，法身与佛等也。何名摩诃？摩诃者是大。心量广大，犹如虚空。若空心坐禅，即落无记空。虚空能含日月星辰大地山河，一切草木，恶人善人，恶法善法，天堂地狱，尽在空中，世人性空，亦复如是。

【第二十五折】

性含万法是大，万法尽是自性。见一切人及非人，恶之与善，恶法善法，尽皆不舍，不可染着，犹如虚空，名之为大，此是摩诃行。迷人口念，智者心行。又有迷人，空心不思，名之为大，此亦不是。心量广大，不行是小。莫口空说，不修此行，非我弟子。

【第二十六折】

何名般若？般若是智慧。一切时中，念念不愚，常行智慧，即名般若行。一念愚即般若绝，一念智即般若生。世人心中常愚，自言我修般若。般若无形相，智慧性即是。何名波罗蜜？此是西国梵音，唐言彼岸到。解义离生灭，着境生灭起。如水有波浪，即是于此岸；离境无生灭，如水永长流，故即名到彼岸，故名波罗蜜。迷人口念，智者心行。当念时有妄，有妄即非真有；念念若行，是名真有。悟此法者，悟般若法，修般若行。不修即凡，一念修行，法身等佛。善知识！即烦恼是菩提。前念迷即凡，后念悟即佛。善知识！摩诃般若波罗蜜，最尊、最上、第一，无住、无去、无来。三世诸佛从中出，将大智慧到彼岸，打破五阴烦恼尘劳，最尊、最上、第一。赞最上乘法，修行定成佛。无去、无住、无来往，是定慧等，不染一切法，三世诸佛从中变三毒为戒定慧。

【第二十七折】

善知识！我此法门从一般若生八万四千智慧。何以故？为世人有八万四千尘劳，若无尘劳，般若常在，不离自性。悟此法者，即是无念、无忆、无着。莫起诳妄，即自是真如性。用智慧观照，于一切法不取不舍，即见性成佛道。

【第二十八折】

善知识！若欲入甚深法界，入般若三昧者，直须修般若波罗蜜行，但持《金刚般若波罗蜜经》一卷，即得见性，入般若三昧。当知此人功德无量，经中分明赞叹，不能具说。此是最上乘法，为大智上根人说。小根之人若闻法，心不生信。何以故？譬如大龙，若下大雨，雨于阎浮提，城邑聚落，悉皆漂流，如漂草叶；若下大雨，雨于大海，不增不减。若大乘者，闻说《金刚经》，心开悟解。故知本性自有般若之智，自用智能观照，不假文字。譬如其雨水，不从天有，原是龙王于江海中，将身引此水，令一切众生，一切草木，一切有情无情，悉皆蒙润。诸水众流，却入大海，海纳众水，合为一体。众生本性般若之智，亦复如是。

【第二十九折】

小根之人，闻说此顿教，犹如大地草木根性自小者，若被大雨一沃，悉皆自倒，不能增长。小根之人，亦复如是。有般若之智，与大智之人亦无差别。因何闻法即不悟？缘邪见障重，烦恼根深，犹如大云，盖覆于日，不得风吹，日无能现。般若之智，亦无大小，为一切众生，自有迷心，外修觅佛，未悟自性，即是小根人。闻其顿教，不信外修，但于自心，令自本性常起正见，一切邪见烦恼，尘劳众生，当时尽悟，犹如大海，纳于众流，小水大水，合为一体，即是见性。内外不住，来去自由，能除执心，通达无碍，心修此行，即与《般若波罗蜜经》本无差别。

【第三十折】

一切经书及文字，小大二乘，十二部经，皆因人置，因智慧性故，故然能建立。我若无世人，一切万法本亦不有。故知万法本从人兴，一切经书因人说有。缘在人中有愚有智，愚为小人，智为大人。迷人问于智者，智人与愚人说法，令使愚者悟解心开。迷人若悟解心开，与大智人无别。故知不悟，即佛是众生；一念若悟，即众生是佛。故知一切万法，尽在自身心中，何不从于自心顿见真如本性。《梵网菩萨戒经》云：“本源自性清净。”识心见性，自成佛道。《维摩经》云：“实时豁然，还得本心。”

【第三十一折】

善知识！我于忍和尚处，一闻言下大悟，顿见真如本性。是故以顿悟教法流行后代，令学道者顿悟菩提，各自观心，令自本性顿悟。若不能自悟者，须觅大善知识示道见性。何名大善知识？解最上乘法，直示正路，是大善知识，是大因缘。所为示道，令得见性。一切善法，皆因大善知识能发起故。三世诸佛十二部经，在人性中本自具有。不能自悟，须得善知识示道见性。

若自悟者，不假外求善知识。若取外求善知识望得解脱，无有是处。识自心内善知识，即得解脱。若自心邪迷，妄念颠倒，外善知识即有教授，救不可得。汝若不得自悟，当起般若观照，刹那间妄念俱灭，即是自真正善知识，一悟即至佛地。自性心地，以智慧观照，内外明澈，识自本心。若识本心，即是解脱。既得解脱，即是般若三昧。悟般若三昧，即是无念。何名无念？无念法者，见一切法，不着一切法；遍一切处，不着一切处。常净自性，使六贼从六门走出，于六尘中不离不染，来去自由，即是般若三昧，自在解脱，名无念行。莫百物不思，当令念绝，即是法缚，即名边见。悟无念法者，万法尽通；悟无念法者，见诸佛境界；悟无念顿法者，至佛位地。

【第三十二折】

善知识！后代得吾法者，常见吾法身不离汝左右。善知识！将此顿教法门，同见同行，发愿受持，如是佛教，终身受持而不退者，欲入圣位，然须传授，从上以来，默然而付衣法，发大誓愿，不退菩提，即须分付。若不同见解，无有志愿，在在处处，勿妄宣传，损彼前人，究竟无益。若愚人不解，谤此法门，百劫千生，断佛种性。

【第三十三折】

大师言："善知识！听吾说《无相颂》，令汝迷者罪灭，亦名《灭罪颂》。颂曰：

愚人修福不修道，谓言修福而是道。
布施供养福无边，心中三业原来在。
若将修福欲灭罪，后世得福罪原在。
若解向心除罪缘，各自性中真忏悔。
若悟大乘真忏悔，除邪行正即无罪。
学道之人能自观，即与悟人同一例。

惠能今传此顿教，愿学之人同一体。

若欲当来觅法身，三毒恶缘心里洗。

努力修道莫悠悠，忽然虚度一世休。

若遇大乘顿教法，虔诚合掌至心求。

大师说法了，韦使君、官僚、僧众、道俗，赞言无尽，昔所未闻。

【第三十四折】

使君礼拜，白言：“和尚说法，实不思议。弟子尚有少疑，欲问和尚。望意和尚大慈大悲，为弟子说。”大师言：“有疑即问，何须再三？”使君问：“法可否？如是西国第一师达磨祖师宗旨？”大师言：“是！”使君问：“弟子见说达磨大师化梁武帝。帝问达磨：‘朕一生以来，造寺、布施、供养，有功德否？’达磨答言：‘并无功德。’武帝惆怅，遂遣达磨出境。未审此言，请和尚说。”六祖言：“实无功德，使君勿疑达磨大师言。武帝着邪道，不识正法。”使君问：“何以无功德？”和尚言：“造寺、布施、供养，只是修福。不可将福以为功德，功德在法身，非在于福田。自法性有功德，平直是佛性，外行恭敬，若轻一切人，吾我不断，即自无功德。自性无功德，法身无功德。念念行平等直心，德即不轻。常行于敬，自修身即功，自修心即德。功德自心作，福与功德别。武帝不识正理，非祖大师有过。”

【第三十五折】

使君礼拜，又问：“弟子见僧俗常念阿弥陀佛，愿往生西方。请和尚说，得生彼否？望为破疑。”大师言：“使君听，惠能与说。世尊在舍卫城，说西方引化，经文分明，去此不远，只为下根。说近说远，只缘上智。人自两种，法无两般。迷悟有殊，见有迟疾。迷人念佛生彼，悟者自净其心。所以佛言：‘随其心净，则佛土净。’使君！东方但净心无罪，西方心不净有愆。迷人愿生东方、西方，悟者所在处并皆一种。心地但无不净，西方去此不远；心起不净之心，念佛往生难到。除十恶即行十万；无八邪即过八千。但行直心，到如弹指。使君！但行十善，何须更愿往生？不断十恶之心，何佛即来迎请？若悟无生顿法，见西方只在刹那；不悟顿教大乘，念佛往生路远，如何得达？”六祖言：“惠能与使君移西方刹那间，目前便见，使君愿见否？”使君礼拜：“若此得见，何须往生？愿和尚慈悲，为现西方，大善！”大师言：“一时见西方！无疑即散！”大众愕然，莫知何事。大师曰：“大众！大众！作意听！世人自色身是城，眼、耳、鼻、舌、身即是城门。外有五门，内有意门。心即是地，性即是王。性在王在，性去王无。性在身心存，性去身心坏。佛是自性作，莫向身外求。自性迷，佛即是众生；自性悟，众生即是佛。慈悲即是观音，喜舍名为势至，能净是释迦，平直即是弥勒，人我即是须弥，邪心即是海水，烦恼即是波浪，毒心即是恶龙，尘劳即是鱼鳖，虚妄即是鬼神，三毒即是地狱，愚痴即是畜生，十善即是天堂。无人我，须弥自倒；除邪心，海水竭；烦恼无，波浪灭；毒害除，鱼龙绝。自心地上觉性如来，放大智慧光明，照耀六门清净，照破六欲诸天，下照三毒若除，地狱一时消灭，内外明澈，不异西方。不作此修，如何到彼？”座下闻说，赞声彻天，应是迷人，了然便见。使君礼拜，赞言：“善哉！善哉！普愿法界众生，闻者一时悟解。”

【第三十六折】

大师言：“善知识！若欲修行，在家亦得，不由在寺。在寺不修，如西方心恶之人；在家若修行，如东方人修善。但愿自家修清净，即是西方。”使君问：“和尚！在家如何修？愿为指授。”大师言：“善知识！惠能与道俗作《无相颂》，汝等尽诵取，依此修行顿教法，常与惠能说一处无别。”颂曰：

说通及心通，如日处虚空，惟传顿教法，出世破邪宗。
教即无顿渐，迷悟有迟疾，若学顿法门，愚人不可悉。
说即虽万般，合理还归一，烦恼暗宅中，常须生慧日。
邪来因烦恼，正来烦恼除，邪正悉不用，清净至无余。
菩提本清净，起心即是妄，净性于妄中，但正除三障。
世间若修道，一切尽不妨，常见在己过，与道即相当。
色类自有道，离道别觅道，觅道不见道，到头还自懊。
若欲觅真道，行正即是道，自若无正心，暗行不见道。
若真修道人，不见世间过，若见世间非，自非却是左。
他非我不罪，我非自有罪，但自去非心，打破烦恼碎。
若欲化愚人，事须有方便，勿令彼有疑，即是菩提现。
法原在世间，于世出世间，勿离世间上，外求出世间。
邪见在世间，正见出世间，邪正悉打却，菩提性宛然。
此但是顿教，亦名为大乘，迷来经累劫，悟即刹那间。

【第三十七折】

大师言：“善知识！汝等尽诵取此偈，依偈修行，去惠能千里，常在能边；依此不修，对面千里。各各自修，法不相待。众人且散，惠能归曹溪山，众生若有大疑，来彼山间，为汝破疑，同见佛性。”合座官僚道俗，礼拜和尚，无不嗟叹：“善哉大悟，昔所未闻，岭南有福，生佛在此，谁能得知?”一时尽散。

【第三十八折】

大师往曹溪山，韶、广二州行化四十余年。若论门人，僧之与俗，约有三五千人，说不可尽。若论宗旨，传授坛经，以此为约。若不得《坛经》，即无禀受。须知法处、年、月、日、姓名，递相付嘱。无《坛经》禀承，非南宗弟子也。未得禀承者，虽说顿教法，未知根本，终不免诤。但得法者，只劝修行，诤是胜负之心，与佛道违背。

【第三十九折】

世人尽传南宗能、北宗秀，未知根本事由，且秀禅师于南都荆州江陵府当阳县玉泉寺住持修行，惠能大师于韶州城东三十五里曹溪山住持修行。法即一宗，人有南北，因此便立南北。何以渐顿？法即一种，见有迟疾，见迟即渐，见疾即顿，法无顿渐，人有利钝，故名渐顿。

【第四十折】

神秀师常见人说，惠能法疾，直指见路。秀师遂唤门人僧志诚曰："汝聪明多智，汝与吾至曹溪山到惠能所，礼拜但听，莫言吾使汝来。所听得意旨，记取，却来与吾说，看惠能见解与吾谁疾迟。汝第一早来，勿令吾怪。"志诚奉使，欢喜遂行，半月中间，即至曹溪山，见惠能和尚，礼拜即听，不言来处。志诚闻法，言下便悟，即契本心。起立即礼拜，白言："和尚！弟子从玉泉寺来，秀师处不得启悟，闻和尚说，便契本心。和尚慈悲，愿当教示。"惠能大师曰："汝从彼来，应是细作？"志诚曰："不是！"六祖曰："何以不是？"志诚曰："未说时即是，说了即不是。"六祖言："烦恼即是菩提，亦复如是！"

【第四十一折】

大师谓志诚曰："吾闻汝禅师教人，唯传戒定慧，汝和尚教人戒定慧如何？当为吾说！"志诚曰："秀和尚言戒定慧：诸恶不作名为戒，诸善奉行名为慧，自净其意名为定，此即名为戒定慧。彼作如是说，不知和尚所见如何？"惠能和尚答曰："此说不可思议，惠能所见又别。"志诚问："何以别？"惠能答曰："见有迟疾。"志诚请和尚说所见戒定慧。大师言："汝听吾说，看吾所见处：心地无非是自性戒，心地无乱是自性定，心地无痴是自性慧。"大师言："汝师戒定慧劝小根智人；吾戒定慧劝上智人。得悟自性，亦不立戒定慧。"志诚言："请大师说，不立如何？"大师言："自性无非、无乱、无痴，念念般若观照，常离法相，有何可立？自性顿修，无有渐次，所以不立。"志诚礼拜，便不离曹溪山，即为门人，不离大师左右。

【第四十二折】

又有一僧名法达，常诵《妙法莲华经》七年，心迷不知正法之处。来至曹溪山礼拜，问大师言："弟子常诵《妙法莲华经》七年，心迷不知正法之处，经上有疑，大师智慧广大，愿为除疑？"大师言："法达！法即甚达，汝心不达！经上无疑，汝心自邪，而求正法，吾心正定即是持经。吾一生以来，不识文字，汝将《法华经》来，对吾读一遍，吾闻即知。"法达取经到，对大师读一遍，六祖闻已，即识佛意，便与法达说《法华经》。六祖言："法达！《法华经》无多语，七卷尽是譬喻因缘。如来广说三乘，只为世人根钝。经文分明，无有余乘，唯有一佛乘。"大师言："法达！汝听一佛乘，莫求二佛乘，迷即却汝性。经中何处是一佛乘？吾与汝说，经云：'诸佛世尊唯以一大事因缘故，出现于世。'（以上十六字是正法）此法如何解？此法如何修？汝听吾说，人心不思，本源空寂，离却邪见即一大事因缘。内外不迷，即离两边。外迷着相，内迷著空，于相离相，于空离空，即是不迷。若悟此法，一念心开，出现于世。心开何物？开佛知见。'佛'犹如'觉'也，分为四门：开觉知见，示觉知见，悟觉知见，入觉知见。此名开、示、悟、入，从一处入，即觉知见，见自本性，即得出世。"大师言："法达！吾常愿一切世人，心地常自开佛知见，莫开众生知见。世人心邪，愚迷造恶，自开众生知见；世人心正，起智慧观照，自开佛知见。莫开众生知见，开佛知见即出世。"大师言："法达！此是《法华经》一乘法。向下分三，为迷人故。汝但依一佛乘。"大师言："法达！心行转《法华》，不行《法华》转；心正转《法华》，心邪《法华》

转。开佛知见转《法华》，开众生知见被《法华》转。”大师言：“努力依法修行，即是转经。”法达一闻，言下大悟，涕泪悲泣，白言：“和尚！实未曾转《法华》，七年被《法华》转；以后转《法华》，念念修行佛行。”大师言：“即佛行是佛。”其时听人，无不悟者。

【第四十三折】

时有一僧名智常，来曹溪山，礼拜和尚，问四乘法义。智常问和尚曰：“佛说三乘，又言最上乘，弟子不解，望为教示。”惠能大师曰：“汝自身心见，莫着外法相，原无四乘法。人心量四等，法有四乘。见闻读诵是小乘，悟法解义是中乘，依法修行是大乘。万法尽通，万行俱备，一切不离，但离法相，作无所得，是最上乘，最上乘是最上行义，不在口诤，汝须自修，莫问吾也。”

【第四十四折】

又有一僧名神会，襄阳人也。至曹溪山礼拜，问言：“和尚坐禅，见亦不见？”大师起，把打神会三下，却问神会：“吾打汝，痛不痛？”神会答言：“亦痛亦不痛。”六祖言曰：“吾亦见亦不见。”神会又问：“大师何以亦见亦不见？”大师言：“吾亦见，常见自过患，故云亦见。亦不见者，不见他人过罪，所以亦见亦不见也。汝亦痛亦不痛如何？”神会答曰：“若不痛，即同无情木石；若痛，即同凡夫，即起于恨。”大师言：“神会！向前！见不见是两边，痛不痛是生灭。汝自性且不见，敢来弄人？”神会礼拜，再礼拜，更不言。大师言：“汝心迷不见，问善知识觅路；汝心悟自见，依法修行。汝自迷不见自心，却来问惠能见否？吾不自知，代汝迷不得；汝若自见，代得吾迷？何不自修，问吾见否？”神会作礼，便为门人，不离曹溪山中，常在左右。

【第四十五折】

大师遂唤门人法海、志诚、法达、智常、智通、志彻、志道、法珍、法如、神会。大师言："汝等十弟子近前，汝等不同余人，吾灭度后，汝等各为一方师。吾教汝等说法，不失本宗。举三科法门，动用三十六对，出没即离两边，说一切法，莫离于性相。若有人问法，出语尽双，皆取法对，来去相因，究竟二法尽除，更无去处。三科法门者，荫、界、入。荫，是五荫；界，是十八界；入，是十二入。何名五荫？色荫、受荫、想荫、行荫、识荫是。何名十八界？六尘、六门、六识。何名十二入？外六尘，中六门。何名六尘？色、声、香、味、触、法是。何名六门？眼、耳、鼻、舌、身、意是。法性起六识：眼识、耳识、鼻识、舌识、身识、意识，六门、六尘。自性含万法，名为含藏识。思量即转识，生六识，出六门、六尘，是三六十八。由自性邪，起十八邪；若自性正、起十八正。恶用即众生，善用即佛。用由何等？由自性。"

【第四十六折】

对。外境无情对有五：天与地对，日与月对，暗与明对，阴与阳对，水与火对。语言法相对，有十二对：有为无为对，有色无色对、有相无相对、有漏无漏对、色与空对、动与静对、清与浊对、凡与圣对、僧与俗对、老与少对、长与短对、高与下对。自性起用对有十九对：邪与正对、痴与慧对、愚与智对、乱与定对、戒与非对、直与曲对、实与虚对、险与平对、烦恼与菩提对、慈与害对、喜与嗔对、舍与悭对、进与退对、生与灭对、常与无常对、法身与色身对、化身与报身对、体与用对、性与相对。语言与法相对有十二对，外境无情对有五对，自性起用对有十九对，都合成三十六对也。此三十六对法，解用通一切经，出入即离两边。如何自性起用三十六对共人言语？出外，于相离相；入内，于空离空。着空，则惟长无明；着相，则惟长邪见。

秉法直言，不用文字。既云不用文字？人不合言语，言语即是文字。自性上说空，正语言本性不空。迷自惑，语言除故。暗不自暗，以明故暗；暗不自暗，以明变暗。以暗现明，来去相因，三十六对，亦复如是。

【第四十七折】

大师言：“十弟子！以后传法，递相教授一卷《坛经》，不失本宗。不禀受《坛经》，非我宗旨。如今得了，递代流行。得遇《坛经》者，如见吾亲授。十僧得教授已，写为《坛经》，递代流行，得者必当见性。”

【第四十八折】

大师先天二年八月三日灭度。七月八日，唤门人告别。大师先天元年于新州国恩寺造塔，至先天二年七月告别。大师言：“汝众近前，吾至八月，欲离世间，汝等有疑早问，为汝破疑，当令迷者尽悟，使汝安乐。吾若去后，无人教汝。”法海等众僧闻已，涕泪悲泣。唯有神会不动，亦不悲泣。六祖言：“神会小僧，却得善不善等，毁誉不动。余者不得，数年山中，更修何道？汝今悲泣，更忧阿谁？忧吾不知去处在？若不知去处，终不别汝。汝等悲泣，即不知吾去处；若知去处，即不悲泣。性体无生无灭，无去无来。”“汝等尽坐，吾与汝一偈：《真假动静偈》，汝等尽诵取，见此偈意，与吾意同。依此修行，不失宗旨。”僧众礼拜，请大师留偈，敬心受持。偈曰：

一切无有真，不以见于真。若见于真者，是见尽非真。
若能自有真，离假即心真。自心不离假，无真何处真？
有情即解动，无情即无动。若修不动行，同无情不动。
若见真不动，动上有不动，不动是不动，无情无佛种。
能善分别相，第一义不动。若悟作此见，则是真如用。
报诸学道者，努力须用意。莫于大乘门，却执生死智。

前头人相应，即共论佛义。若实不相应，合掌礼劝善。

此教本无诤，若诤失道意。执迷诤法门，自性入生死。

【第四十九折】

众僧既闻，识大师意，更不敢诤，依法修行。一时礼拜，即知大师不久住世。上座法海向前言："大师！大师去后，衣法当付何人?"大师言："法即付了，汝不须问。吾灭后二十余年，邪法撩乱，惑我宗旨。有人出来，不惜身命，定佛教是非，竖立宗旨，即是吾正法。衣不合传，汝不信，吾与诵先代《五祖传衣付法颂》。若据第一祖达磨颂意，即不合传衣。听吾与汝诵。"颂曰：

第一祖达磨和尚颂曰：

吾本来东土，传教救迷情，一花开五叶，结果自然成。

第二祖惠可和尚颂曰：

本来缘有地，从地种花生，当本元无地，花从何处生?

第三祖僧璨和尚颂曰：

花种须因地，地上种花生，花种无生性，于地亦无生。

第四祖道信和尚颂曰：

花种有生性，因地种花生，先缘不和合，一切尽无生。

第五祖弘忍和尚颂曰：

有情来下种，无情花即生，无情又无种，心地亦无生。

第六祖惠能和尚颂曰：

心地含情种，法雨即花生，自悟花情种，菩提果自成。

【第五十折】

能大师言："汝等听吾作二颂，取达磨和尚颂意。汝迷人依此颂修行，必当见性。"

第一颂曰：

心地邪花放，五叶逐根随，共造无明业，见被业风吹。

第二颂曰：

心地正花放，五叶逐根随，共修般若慧，当来佛菩提。

六祖说偈已了，放众僧散。门人出外思惟，即知大师不久住世。

【第五十一折】

六祖后至八月三日食后，大师言："汝等着位坐，吾今共汝等别！"法海问言："此顿教法传授，从上以来至今几代？"六祖言："初，传授七佛，释迦牟尼佛第七，大迦叶第八，阿难第九，末田地第十，商那和修第十一，优婆鞠多第十二，提多迦第十三，佛陀难提第十四，佛陀蜜多第十五，比丘第十六，富那奢第十七，马鸣第十八，毗罗长者第十九，龙树第二十，迦那提婆第二十一，罗睺罗第二十二，僧迦那提第二十三，僧迦耶舍第二十四，鸠摩罗驮第二十五，阇耶多第二十六，婆修盘多第二十七，摩拿罗第二十八，鹤勒那第二十九，师子比丘第三十，舍那婆斯第三十一，优婆崛第三十二，僧迦罗第三十三，须婆蜜多第三十四，南天竺国王子第三子菩提达磨第三十五，唐国僧惠可第三十六，僧璨第三十七，道信第三十八，弘忍第三十九，惠能自身当今受法第四十。"大师言："今日以后，递相传授，须有依约，莫失宗旨。"

【第五十二折】

法海又白："大师今去，留付何法，令后代人如何见佛？"六祖言："汝听！后代迷人，但识众生，即能见佛；若不识众生，觅佛万劫不可得见也。吾今教汝识众生见佛，更留《见真佛解脱颂》，迷即不见佛，悟者即见。"法海愿闻，代代流传，世世不绝。六祖言："汝听！吾与汝说。后代世人，若欲觅佛，但识众生，即能识佛，即缘佛心有众生，离众生无佛心。"

迷即佛众生，悟即众生佛。

愚痴佛众生，智慧众生佛。
心险佛众生，平等众生佛。
一生心若险，佛在众生中。
一念悟若平，即众生自佛。
我心自有佛，自佛是真佛。
自若无佛心，向何处求佛？

【第五十三折】

大师言：“汝等门人好住！吾留一颂，名《自性见真佛解脱颂》。后代迷人，闻此颂意，即见自心自性真佛。与汝此颂，吾共汝别。”颂曰：

真如净性是真佛，邪见三毒是真魔。
邪见之人魔在舍，正见之人佛在堂。
性中邪见三毒生，即是魔王来住舍。
正见忽除三毒心，魔变成佛真无假。
化身报身及法身，三身原本是一身。
若向性中觅自见，即是成佛菩提因。
本从化身生净性，净性常在化身中。
性使化身行正道，当来圆满真无穷。
淫性本是净性因，除淫即无净性身。
性中但自离五欲，见性刹那即是真。
今生若悟顿教门，悟即眼前见世尊。
若欲修行求觅佛，不知何处欲觅真？
若能心中自有真，有真即是成佛因。
自不求真外觅佛，去觅总是大痴人。
顿教法者是西流，救度世人须自修。
今报世间学道者，不依此见大悠悠。

大师说偈已了，遂告门人曰：“汝等好住，今共汝别，吾去以后，莫作世情悲泣，而受人吊问钱帛，著孝衣，即非圣法，非我弟子。如吾在日一种，一时端坐，但无动无静，无生无灭，无去无来，无是无非，无住，坦然寂静，即是大道。吾去以后，但依法修行，共吾在日一种；吾若在世，汝违教法，吾住无益。”大师云此语已，夜至三更，奄然迁化。大师春秋七十有六。

【第五十四折】

大师灭度之日，寺内异香氛氲，经数日不散。山崩地动，林木变白，日月无光，风云失色。八月三日灭度，至十一月迎和尚神座于曹溪山，葬在龙龛之内，白光出现，直上冲天，三日始散。韶州刺史韦据立碑，至今供养。

【第五十五折】

此《坛经》，法海上座集。上座无常，付同学道际。道际无常，付门人悟真。悟真在岭南曹溪山法兴寺，现今传授此法。

【第五十六折】

如付此法，须得上根智，深信佛法，立于大悲，持此经，以为禀承，于今不绝。

【第五十七折】

和尚本是韶州曲江县人也。如来入涅槃，法教流东土，共传无住心，即我心无住。此真菩萨说，真实亦譬喻，唯教大智人，无住是旨依。凡发誓修行，修行遭难不退，遇苦能忍，福德深厚，方授此法。如根性不堪，裁量不得，虽求此法，建立不得者，不得妄付《坛经》。告诸同道者，令知密意。

（录自黄连忠编撰：《敦博本六祖坛经校释》附录五《敦博本六祖坛经校订全文》）

参考文献

1. 丁福保主编：《佛学大词典》，上海：上海书店出版社，1991 年。

2. 陈义孝编著：《佛学常见词汇》，银川：宁夏人民出版社，1994 年。

3. 杨曾文点校、注释：《敦煌新本六祖坛经》，上海：上海古籍出版社，1993 年。

4. 尚荣译注：《坛经》，北京：中华书局，2010 年。

5. 徐文明注译：《六祖坛经》，郑州：中州古籍出版社，2008 年。

6. 黄连忠编撰：《敦博本六祖坛经校释》，台北：万卷楼图书公司，2006 年。

7. 宣化法师讲述：《六祖法宝坛经浅释》，北京：宗教文化出版社，2006 年。

8. 郭朋校释：《坛经校释》，北京：中华书局，2004 年。

9. 宋先伟主编：《六祖坛经》，北京：大众文艺出版社，2004 年。

10. 东方桥著：《坛经现代读》，上海：上海书店出版社，2003 年。

图书在版编目(CIP)数据

坛经/(唐)惠能著;李明译注．—长沙:岳麓书社,2016. 11

ISBN 978-7-5538-0613-6

Ⅰ. ①坛...　Ⅱ. ①惠...②李...　Ⅲ. ①禅宗—佛经—中国—唐代②《坛经》—译文③《坛经》—注释　Ⅳ. ①B946. 5

中国版本图书馆 CIP 数据核字(2016)第 121060 号

TANJING

坛经

译　　注:李　明

责任编辑:彭卫才

责任校对:舒　舍

封面设计:吴颖辉

岳麓书社出版发行

地址:湖南省长沙市爱民路 47 号

直销电话:0731—88804152　88885616

邮编:410006

岳麓书社网址:www. yueluhistory. com

2016 年 11 月第 1 版第 1 次印刷

开本:890×1240　1/32

印张:7. 625

字数:185 千字

印数:1—10 000

ISBN 978-7-5538-0613-6

定价:18. 00 元

承印:长沙鸿发印务实业有限公司

如有印装质量问题,请与本社印务部联系

电话:0731—88884129